La mente poderosa

Julián Restrepo

La mente poderosa

Santiago de Cali - 2019

La mente poderosa
©Julián Restrepo
Segunda edición

ISBN: 978-958-48-3204-7

Autor:
Julián Restrepo

Asesoría editorial:
FreismanToro
escritor y asesor editorial
+57 318 7883784

Diseño y diagramación:
Javier Buitrago M.

Impresión:
Imprenta Departamental
Carrera 6 entre Calles 9 y 10
Edificio de la Gobernación del Valle del Cauca, Sótano.
PBX: (57+2) 885 5253
Santiago de Cali - Colombia

Impreso en Colombia
Printed in Colombia

Dedicatoria

Primero que todo a Dios,
fuente de toda mi inspiración.

A mi esposa Josefa y a mi hijo Mateo, a quienes amo con todas mis fuerzas; a toda mi familia y a los líderes que han aportado a mi crecimiento.

A todos ellos, gracias por su apoyo.

Contenido

Introducción

Para empezar a hablar del pensamiento, vamos a referirnos a la definición científica del cerebro, que es el órgano en el cual se asientan las ideas, se imparte la vida y se hallan varias de las características más brillantes del hombre.

¿Qué es el cerebro humano?

De acuerdo con el doctor Fernando Villegas, médico neurólogo y director de la clínica Biovital en Cali (Colombia), es la parte del encéfalo —cerebro, cerebelo y tronco cerebral— que maneja las funciones mentales superiores —gnosia, memoria, praxis, atención, lenguaje, cálculo, juicio y raciocinio—, específicamente localizadas en el lóbulo prefrontal. Por lo tanto, es en el cerebro donde se origina el pensamiento y, con él, algunas de las expresiones más complejas y sublimes del ser humano.

El pensamiento genera nuevas reconexiones cerebrales que pueden ser duraderas e incluso establecerse si una idea se repite permanentemente. Por ejemplo, si te enojas, te frustras o miras con lástima los acontecimientos de tu vida personal todos los días, entonces, el cerebro crea esa conexión permanente. En otras palabras, el pensamiento reestructura el cerebro. Así que debemos comenzar a producir reconexiones positivas para iniciar una nueva vida más acorde con las leyes de Dios.

Si piensas que puedes ser lo que tú quieras ser —médico, abogado, pastor, misionero, etcétera—, eso serás. Esta realización, que sucede constantemente en la realidad, es llamada por algunas personas "ley cuántica" o "ley de la atracción" y es la razón por la cual a las personas negativas se les recomienda que se concentren en sus pensamientos positivos cuando acuden a terapias psicológicas y seminarios de orientación profesional.

También hay que decir que el pensamiento colectivo puede influir sobre el tuyo. Muchas veces aceptas inconscientemente la forma de pensar de tu medio social y ni tú mismo sabes que ciertas ideas ajenas han moldeado tu personalidad. De ahí que el refrán "dime con quién andas y te diré quién eres" sea tan cierto.

Respecto al pensamiento, las personas creyentes debemos preguntarnos si este tiene relación con la fe. Jesús dijo que si tu fe fuera del tamaño de un grano de mostaza, podrías decirle a la montaña que se moviera y ella se movería. Si tu fe se halla sobre la roca y si tu pensamiento exclama con insistencia: "Creo que es posible, vino a mi mente y lo declaro que ocurrirá", entonces verás cómo las cosas en verdad suceden.

Jesús dijo: "Si lo crees, eso será". Piensa que tú puedes y lo que anhelas se realizará.

Cómo este libro puede transformarte en un campeón de la vida

Ninguno de los conceptos y pensamientos que comparto aquí son inherentemente verdaderos o falsos, correctos o incorrectos. Pero, tengo fe en que podrás transformar totalmente tu vida si pones en práctica los principios expuestos en este libro.

Estúdialo como si tu vida dependiera de él. Comprueba la validez de su información en tu vida cotidiana. Si obras bien, siguiendo los consejos de estas páginas, hallarás lo que te faltaba para ser una excelente persona y gozar de una maravillosa existencia.

Todo se reduce a esto: si mi patrón de riqueza está programado para el éxito, todo lo que he recibido y aprendido me ayudará a cambiar.

Aquí se enseña cuál es el misterio de por qué hay gente destinada a ser rica y otra a ser pobre, el enigma de por qué unos viven holgadamente y otros apenas sobreviven pasando muchos apuros.

Te darás cuenta de las causas fundamentales del éxito y la prosperidad y las razones de la mediocridad y el fracaso. Si aprendes los principios descritos en este libro, te encaminarás hacia un futuro de profunda felicidad y abundante riqueza.

Aquí entenderás cómo las enseñanzas que recibiste en tu infancia han moldeado tus patrones emocionales y financieros y cómo esa influencia puede conducirte a pensamientos y hábitos contraproducentes.

La lectura de los consejos, frases y fragmentos que comparto contigo te animarán a experimentar con el poder de las declaraciones y te impulsarán a cambiar modos de pensar inapropiados.

Prólogo

Hoy día uno de los enemigos más fuertes que afecta a la gente es nuestra propia mente. Ésta determina si seguimos o nos rendimos, si vencemos o fracasamos. Sin darnos cuenta hemos buscado a otros o alguna otra cosa para culpar de lo poco que hemos podido lograr en la vida, en la familia o en nuestro negocio. La realidad es tan sencilla como: cambia tu manera de pensar y cambiará tu manera de vivir. Esa es la recomendación que recibimos de uno de los libros más antiguos de la historia: la Biblia. Eso significa que, si mis pensamientos cambian, cambiará todo lo demás en mi. Pasaré mis días disfrutando más y aprovechando cada momento.

En este libro, el autor Julián Restrepo desglosa con sencillez el poder que existe en tu mente. Cómo ahí se llevarán a cabo las batallas más profundas de tu vida y es ahí también que aprenderás a disfrutar las victorias más grandiosas que has vivido.

El autor nos explica que la mente es el laboratorio donde se llevan a cabo todas las pruebas de ideas, sueños, deseos y más. Es en ese laboratorio que tú necesitas descubrir lo que más ocupas para llevarte al siguiente nivel en tu vida.

De ser así, el libro nos explica la necesidad de purificar y limpiar la mente de tanto negativismo que se ha acumulado a través de los años. Así podremos disfrutar una panorámica de la vida con claridad y de este modo vislumbrar las cosas bellas que nos esperan en el futuro, así nos lo relata el autor.

Es imperante entender los principios que Julián aquí nos plantea. Recuerda esto: solo vives una vez y esta será tu oportunidad para dejar un legado. No es riqueza material lo que vale sino algo más que transciende todo, principios indelebles de amor, gozo y paz y el impactar a muchas generaciones que vienen. Por esto debemos entender la urgencia de leer este libro y aplicar sus principios transformadores.

Tus pensamientos eventualmente serán tus acciones. Tus acciones eventualmente determinarán tu destino. Si el destino que has imaginado para ti contradice los pensamientos que están en ti, entonces debes comenzar a cambiar los pensamientos. Es un compromiso que deberás hacer y determinar lograr.

Este libro afirma: "Todo programa tiene éxito debido al compromiso y luego a la participación determinada de aquel que lo quiere lograr".

Sé que usarás este libro como referencia. Regresarás constantemente a él para recordar algunos principios plasmados. Harás anotaciones en el libro para recordar dónde estabas. Usa este libro como manual de lectura diaria y toma nota de las cosas que lees en él y necesitas confrontar.

Cambia tu manera de pensar para que el proceso de llegar al destino deseado comience en tu mente hoy. Recuerda: la mente es poderosa. Serás lo que en ella has pensado. Por lo tanto, vale la pena comenzar hoy.

Fermín García

Autor y Presidente de Inste Global

Primera parte

Vivo como pienso: superación personal

La mente es el laboratorio donde se prueban todas las ideas y pensamientos buenos o malos. Por consiguiente, pensar es la acción con la que mi vida se arregla o se daña. Nosotros somos el resultado de nuestros pensamientos.

El pensamiento es realmente el modelo que mi yo sigue e imita. Todos somos influenciados por otras mentes o por otros pensamientos, pero cada uno de nosotros posee sus propios pensamientos originados como una clase de cultura que aprendimos desde el vientre de nuestras madres. Las primeras enseñanzas y las diferentes experiencias que tuvimos desde niños marcaron, de una u otra forma, nuestra manera de pensar y nos inculcaron fortalezas y temores.

Cuando llegamos a otra etapa de nuestra vida, conocida como la adultez, nos damos cuenta de lo que somos capaces y de lo que no podemos hacer, y nos enfrentamos a un mundo real cuyos valores y costumbres datan de un tiempo mucho más antiguo que el de nuestro nacimiento. Ese mundo, en gran parte, es el resultado de las virtudes y los defectos de nuestros antepasados, quienes tal vez carecieron de instrucción para cuestionar y modificar los patrones incorrectos en que fueron educados y formados por sus familias y escuelas.

Muchos de nuestros antepasados no recibieron una formación apropiada. Algunos de ellos no conocieron a sus progenitores y tampoco tuvieron una figura cercana y protectora que les dedicara afecto y atención. Esa ausencia de amor y autoridad dificultó que en su interior se forjaran mentes y corazones sanos que les ayudaran a superar las adversidades de la vida.

Algunos han sido adoptados por personas que, sin ser sus padres biológicos, les aportaron conocimientos y orientaron su carácter. Es decir, fueron sus padres de formación. A esos padres se les debe agradecer y honrar como si fueran padres biológicos, porque si bien fue otro el que aportó la semilla, quienes formaron a sus hijos son los forjadores de la personalidad, los talentos y las cualidades de aquellos. Por otro lado, los padres que engendraron y formaron a sus hijos merecen doble honra.

Este es mi testimonio

Mi abuelo paterno falleció cuando mi padre, Pedro José Restrepo, tenía solo siete años y no pudo participar en la formación de las ideas y el carácter de su hijo. Mi papá se casó a los 27 años de edad con María Soe Cuartas, mi madre, cuando ella tenía apenas 13 años. Es innegable que los dos no eran personas experimentadas, no solo en lo que significa iniciar una familia, sino en otros asuntos de la vida.

Mi padre fue un campesino que desde los siete años labró la tierra. No tuvo la oportunidad de estudiar, pero a los 35 años conoció a Jesucristo. Mi madre tuvo a su primer hijo un año después de casarse con mi padre. Aquel sería el primero de catorce hermanos. Yo, Julián Restrepo Cuartas, soy el número doce.

Realmente, no fui formado ni educado, sino deformado y dañado dentro de mi propia familia. Como yo era el menor de los hombres y éramos tantos en el hogar, nadie en mi familia se preocupó por cuidarme o apoyarme. Creo que mis padres tenían buenas intenciones, pero no los conocimientos ni los métodos para impartir una buena pedagogía.

A los doce años de edad yo estaba muy desorientado y tomé la decisión de salir de mi casa. Así comenzó una nueva historia en mi vida. Creo con todo mi corazón que el Señor tenía el control de mi existencia y me guió para ser fuerte y decidido en mis pasos, aunque no fue fácil, pero sí estoy seguro de que sus designios fueron los mejores.

La mejor costumbre de mi familia era ir frecuentemente a la iglesia cristiana donde aprendimos a seguir la Biblia, a orar y amar a Dios. Cuando yo era niño me gustaban mucho los devocionales de las cinco de la mañana. Cada día un hermano pasaba cerca de mi casa gritando: "Hermanos, ¿van a ir o se quedan?". Cuando yo escuchaba esa voz me levantaba rápidamente para ir con el mayor de mis hermanos o con quien quisiera ir conmigo al devocional. Atravesábamos el pueblo de extremo a extremo, caminando hasta llegar a la iglesia. En cuanto llegábamos me arrodillaba y ponía la cabeza en una banca muy fría. Después de tantos años aún recuerdo por quién oraba y cómo lo hacía. Siento que el Señor empezó a formar mi corazón mientras yo oraba.

Me gustaba mucho ir al devocional en la madrugada porque después de que salíamos de la iglesia íbamos a una panadería a tomar café con leche y a comer diferentes clases de pan. ¡Qué bendición fueron aquellos tiempos hermosos! Mi mente los atesora como una fortuna invaluable.

Cuatro cables registrados en la mente

Son los siguientes:

- El positivo: produce algún beneficio o resulta favorable para alguien o algo.
- El negativo: produce algún daño o perjuicio, o resulta desfavorable para alguien o algo.
- El neutro: no presenta ninguna característica positiva o negativa. No se inclina a favor de alguna de las partes en un conflicto o problema.
- El polo a tierra: nos hace aterrizar. Impide que el orgullo nos eleve y que seamos presas del egocentrismo desmedido.

Si nosotros, como gente dirigida por buenos pensamientos, hacemos lo bueno que pensamos, seremos personas muy felices y prósperas. No podemos dudar ni amagar para decidir hacer el bien ni limitemos el pensamiento, pues debemos hacer que nuestros mejores sentimientos se materialicen en acciones positivas.

Nosotros, como seres inteligentes, debemos interpretar muy bien los pensamientos y los deseos y transformarlos en hechos mediante nuestras acciones. Cada pensamiento e idea es una cosa. O sea que nuestros pensamientos e ideas los puedo convertir en realidades.

Tenemos la capacidad de hacer que nuestros pensamientos, sueños y aquello que solo es visible en nuestro interior —lo que solo ves tú— se conviertan en realidades poderosas. Todo comienza con un buen entendimiento y una buena interpretación de nuestros pensamientos y sueños.

Asegúrate siempre de tener un gran sueño antes de acostarte y de levantarte muy temprano a hacerlo realidad.

Dice Hechos 2:17-18: "*Y en los postreros días, dice Dios, derramaré de mi Espíritu sobre toda carne, y vuestros hijos y vuestras hijas profetizarán; vuestros jóvenes verán visiones, y vuestros ancianos soñarán sueños; y aun sobre mis siervos y sobre mis siervas en aquellos días derramaré de mi Espíritu, y profetizarán*".

Espíritu en griego es viento, soplo, aliento, nueva mente, nuevas lenguas, nuevo espíritu.

Profetizar es el poder y la capacidad que tenemos para hablar hacia adelante, prever el futuro. Profetizar se hace cuando tengo claro lo que Dios me envió a hacer y Él mismo despeja mi mente y mi corazón para poder pensar y ver todo lo que está adelante.

La mente es el instrumento fundamental para la prosperidad. La mente es un músculo que se desarrolla y crece como cualquier músculo del cuerpo, de tal forma que ella pueda tener más fuerza, resistencia y valor que otro órgano.

Pensar bien es indispensable para el buen desarrollo personal. Yo tengo que pensar que soy rico y creer que ya soy rico, pero debo de trabajar tan duro como cualquiera que necesite prosperar y llegar a otro nivel en su vida.

¿Sabes algo? En muchas ocasiones dejamos de prosperar porque sencillamente pensamos que ya lo logramos todo y nos conformamos con lo que tenemos.

Romanos 12:2 nos dice que trabajemos diariamente como si no tuviéramos nada, aunque lo tengamos todo. Si lo hacemos, te aseguro que creceremos en todo. La Biblia también dice que no debo tener un concepto de mí mismo más alto del que debo tener y que siempre debo ver a los demás como superiores a mí mismo para poder seguir sirviendo sin que las conquistas, las glorias y los logros se me suban a la cabeza. Recuerda que siempre tendremos la necesidad de los demás para seguir creciendo.

¿Qué significa la expresión "vivo como pienso"? Que debemos ser conscientes de que el pensamiento tiene que ser un vivo poder que nos lleve a crear, inventar, descubrir y desarrollar lo que nos proponemos. Nuestro pensamiento bien guiado, nos inspira a imaginar y a recrearnos con las cosas antes de tenerlas. La mente es un campo de producción, es el lugar donde se prepara toda una gran plataforma para toda la vida, es un laboratorio donde se prueba y se calcula todo primero. Un astrónomo debe tener un buen telescopio y, así mismo, toda persona debe tener un buen pensamiento para prosperar. Cuando estamos en apuros o aprietos económicos tenemos que ser muy cuidadosos con los pensamientos que nos dominan. Hay que vigilar el pensamiento para no dejarlo desviar del propósito y la visión que tenemos.

Igualmente, se deben evaluar los pensamientos para determinar si son buenos o malos o si son una manifestación de orgullo para alimentar el ego.

Primera de Juan 4:1 habla de probar los espíritus, de transformar la mente que alimenta nuestro interior. Todo pensamiento está sujeto al hombre.

El espíritu del hombre está sujeto al hombre.

Estos son los pensamientos: uno es el pensamiento con el estómago vacío y el otro es con el estómago lleno. Cuando tenemos mucho apetito el cuerpo se indispone y la mente se desespera pensando en comida. Es en ese punto en el que más se indispone el cuerpo. Cuando pensamos más en comida, entre más se demore en llegar, más enloquecemos. Hay que saber esperar y no desesperar.

La bendición de Dios es la que enriquece y no añade tristeza con ella. Una mente bendecida es una mente enriquecida con pensamientos que exaltan lo bueno y reconocen lo grande.

Pensamiento familiar

Uno de los mejores pensamientos que debe tener una persona millonaria es el pensamiento en la esposa y sus hijos. Recuerda que ser pobre o ser rico es un estado de la mente. La palabra "millonario" se refiere a alguien que piensa muy bien. Toda persona con mentalidad de riqueza debe dedicarse a pensar en cómo mejorar la vida de su familia. El pensamiento tiene que ser tan fuerte que genere un compromiso y anime a perseverar hasta convertir en realidad ese deseo.

Todo esfuerzo y dedicación debe ser para construir una relación familiar firme, sana y amorosa.

Las ideas que nos llegan son para edificar un reino en cuyo trono está el Señor. Jesús dijo: "Busca primero el reino de Dios y su justicia"; las demás cosas llegarán como el resultado de buscar primero, segundo, construir el reino de Dios.

Vida en abundancia

Una mente millonaria es aquella que se despoja de miedos, temores, malos pensamientos, orgullos, críticas y murmuraciones. Un pensamiento millonario siempre te lleva a acercarte a otros. También el millonario tiene clara su posición. Sabe que lo que desea y necesita está en posesión de las demás personas. Por esta razón debe juntarse con estas personas para llegar a conseguir lo que ellas tienen.

Por ello, una mente millonaria siempre aprovecha la oportunidad para relacionarse con otras mentes similares. "Al que anda en la miel algo se le pega", dice un refrán popular. Si mi relación es con una persona feliz, feliz seré; si es con gente buena, bueno seré.

Si ando con personas que amen la oración, aprenderé a orar; si con generosos, dadivosos, así mismo dadivoso seré. "Dime con quién andas y te diré quién eres".

Por ejemplo, los discípulos se volvieron cristianos, porque andaban con Cristo. Hicieron milagros, porque los aprendieron por andar con alguien que hacía milagros. Amaron por andar con alguien que brindaba amor, predicaron por andar con alguien que predicaba, todo lo que los apóstoles hicieron fue porque lo vieron hacer.

En la vida todo es repetitivo, todo es un aprendizaje. Se puede aprender a amar, a perdonar, a comenzar de nuevo, a prosperar, a ser millonario, a servir. Todo lo que quieras hacer y aprender lo harás buscando a alguien que te lo enseñe. Para esto, necesitarás de mucha humildad para reconocer que puedes aprender por medio de otros.

Segunda parte

Tus pensamientos se delatan en tus acciones

Tal como piensa, tal es él: ese es el significado de las palabras vivo como pienso. "Porque cual es su pensamiento en su corazón, tal es él. Come y bebe, te dirá; Mas su corazón no está contigo" Proverbios 23:7.

Vivimos en un mundo con un promedio de 80% de pensamientos negativos. Por esta razón, tus pensamientos y los míos tienen que ser mejores y superiores a los de la gente promedio, que se cree mucho sin tener nada o que tiene algo y por el orgullo que los domina, dejan de tener más.

Desde este instante puedes abandonar lo promedio y lo mediocre, y lanzarte al mundo de la felicidad y del progreso verdadero según como te lo propongas, no según los valores del mundo natural, que es limitado.

Desde este momento te estás capacitado para iniciar una nueva construcción de vida y de prosperidad, de acuerdo con los designios establecidos. Empieza a trabajar arduamente para establecer en tu mente una fortaleza y un carácter de ganador.

Importante

Recuerda que la herramienta que emplearás para la transformación de tu mente y de tu vida es la gente que ya ha cruzado los ríos que tú apenas pretendes cruzar. En otras palabras, únete a gente que respetes y reconozcas como autoridad ejemplar para aprender lo bueno y seguir sus enseñanzas. Sé fiel a la persona que te enseña y te bendice con su conocimiento y comparte sus experiencias de vida.

Cuando estés prosperando, reconoce y honra a aquel que te tuvo en cuenta cuando tú no tenías nada.

Por otra parte, haz cada día algo que te acerque más a la visión de éxito que tienes y realízala. Ten la seguridad de que lo bueno está contigo. El Señor dice que Él está con los diligentes. Si tú lo eres, Él te hará prosperar.

"El alma del perezoso desea y nada alcanza; mas el alma de los diligentes será prosperada" Proverbios 13:4. (Reina Valera 1960).

"Los perezosos ambicionan mucho y obtienen poco, pero los que trabajan con esmero prosperarán" Proverbios 13.4 (Nueva Traducción Viviente).

De nada sirve tener un pensamiento bueno, hermoso o ingenioso. Es necesario ejecutarlo para que se torne en un fruto real. La meta es hacer realidad los pensamientos, las ideas, las visiones y los sueños que al principio son invisibles. Con esfuerzo poderoso llevaremos a cabo cualquier pensamiento bueno, es decir, cualquier pensamiento que nos oriente a cumplir la visión y hacer realidad los sueños de otros. El que vive para hacer posibles los sueños de otros, ese será un verdadero conquistador guiado por un instinto celestial.

Lo contrario ocurre cuando alguien se enloquece y se enfrasca en su propio yo: todo es mi mundo, mi familia, mi reino, mi felicidad, mi sueño, mi alegría, mi meta, mi casa, mi carro. Solo tiene entre ceja y ceja su propio yo. Está realmente desenfocado y fuera del propósito para el que fue creado. La gente que piensa así es muy peligrosa, porque son como perversos y crueles, ven a los demás como competencia, quieren aprovecharse de los otros y quitarles lo que les pertenece.

Solo desean convertir en realidad su yo, y cuando ven a alguien que les lleva algo de ventaja, se preocupan y se esfuerzan para hacerlo caer, para bajarlo de donde está. Hablan mal hasta de sus propios amigos. ¡Evita a este tipo de personas!

Únete con gente cuyas ideas brillen y aporten a tu crecimiento, gente de la que puedas decir: "Yo necesito lo que él tiene para crecer". Te aseguro que te irá muy bien, si comienzas a reconocer que necesitas del otro y acudes a la gente brillante, a las personas geniales, a aquellos que ha superado las metas que no has podido cumplir. Como persona inteligente, debes reconocer que eres un genio en algunas cosas, pero que en otros campos existen individuos más sabios o diestros que tu. Por ello, trata de asociarte con las mentes brillantes para superar cualquier obstáculo o limitación.

Recuerda: es de grandes reconocer que necesitamos de otros. Los orgullosos creen que lo saben todo y se restringen de buscar a los demás. Ten en cuenta que las mentes diferentes ven las cosas de otra manera. La fuerza y el poder están en la unión. Entre más gente tengas a tu lado, más fácil será la vida y más rápido el crecimiento.

También, cuando te acerques a alguien, sea quien sea, asegúrate de hacerle el bien. Cuídate de no pagarles mal a quienes creyeron en ti. Acuérdate siempre de que estamos en esta tierra con dos finalidades: cumplir nuestra misión y aportar a hacer realidad los sueños de los demás.

Reflexión

Mis pensamientos dejan de ser locos cuando pasan de la mente a la acción y los resultados comienzan a verse. Los que obramos con buenos pensamientos tenemos el deber de perseverar hasta ver los buenos resultados.

Cuando nos lanzamos a ejecutar los deseos del corazón, tenemos que planear minuciosamente lo que vamos hacer. Planear, organizar y realizar son acciones que van juntas. El corazón del hombre siempre está dispuesto a dejarse moldear. Mientras tú lo desees verdaderamente, tus deseos irán unidos a un buen corazón.

La clave de los buenos pensamientos y las buenas ideas depende de la disposición que tenemos de cambiar nuestras vidas y reconocer que necesitamos un cambio verdadero y urgente. Comienza ahora, acercándote a la gente con la que quieres trabajar y sé formal, amable, educado, amplio para seleccionar tu equipo de trabajo, a quiénes deseas tener en tus proyectos laborales. Así, tus proyectos no solo serán aspiraciones o sueños, sino realidades de vida.

Lleva contigo solamente pensamientos optimistas y recuerdos de buenos momentos que florecen y rinden sus frutos en tu vida.

El pensamiento del que cree y practica el bien, eleva su productividad a lo más alto. Los beneficios del optimismo son reales. Si crees en el reino de la mente, tu fe atraerá lo mejor, rechazará lo destructivo y evitará todo lo que afecte tu buen desarrollo.

Valora la posición y úsala como trampolín para alcanzar otro nivel. Sé agradecido con lo que tienes y tendrás más. Inicia el cambio que tienes que dar y tendrás algo mejor.

Siempre habrá adelante nuevos logros para crecer y esas metas te obligarán a creer correctamente. Diariamente tenemos que creer de nuevo. Centraliza tu mente cuando se desvíe del objetivo, comienza siempre de nuevo en el hoy, en el lugar y en la hora en que estás.

Usemos dos palabras que transforman: "Soy capaz y lo haré".

Estas son dos poderosas palabras que también nos llevan a declarar: "Puedo superarme, quiero superarme, voy a lograrlo y visualizo mi meta como algo real, sin verlo físicamente, pero intencionalmente en mi mente ya lo estoy viendo".

¿Qué son las visiones? Las visiones están ligadas al interior, al corazón, al alma y a la mente. ¿Qué significa la palabra "visión"? "Aparición", "vista". Se deriva del término griego optasía. Es una forma sobrenatural por medio de la cual Dios comunica su voluntad a las personas.

Una visión puede ocurrir mientras estoy despierto, durante el día o durante la noche o puede tomar la forma de un sueño (Nm. 12:6). No se establece una diferencia entre visiones o sueños, con la excepción de que estos últimos sobrevienen a las personas mientras duermen. Durante la visión se pierde la conciencia de lo que nos rodea y las emociones nos controlan a tal grado, que las zonas sensoriales del cerebro literalmente ven, oyen y sienten lo que se presenta en la visión y, a veces la persona se siente transportada a distancias considerables.

"Visión" también puede definirse como el conjunto de pensamientos que crean ideas claras para ver el futuro como una realidad actual, ideas que nos llevan a vivir como si ya tuviéramos lo deseado en nuestras manos. La visión está formada por ideas que nos impulsan a organizar el futuro. Puede manifestarse a través de un sueño, una imagen o súbita revelación visual de lo que deseamos alcanzar en un tiempo determinado. La visión es la que nos lleva a definir el norte al que queremos llegar.

También son las realidades que vemos con nuestras mentes, que nos ayudan a darles lugar a nuestros buenos pensamientos y que nos invitan a organizar un plan de desarrollo para el futuro. En la visión está plasmada la vida espiritual, la institución, la empresa, la familia y nuestra imagen propia como personas encaminadas hacia lo que deseamos conquistar. Allí están presentes las creencias, los sueños, las ideas, los principios y los verdaderos valores.

La visión se debe construir antes de iniciar una carrera o algún viaje. Donde hay visión, habrá progreso.

Igualmente, es supremamente importante tener visión para realizar el plan de multiplicación y crecimiento. La visión nos pone a funcionar y a levantar nuestras empresas de una forma ordenada. La visión crea la misión, y esta última es el motivo, la meta, el propósito.

Por consiguiente, la misión es la acción, lo que tenemos que cumplir y lograr, lo que tenemos que alcanzar.

Todos debemos tener claridad en los siguientes tipos de visión:

- Visión interior.
- Visión familiar.
- Visión económica.
- Visión personal.
- Visión académica.
- Visión profesional.
- Visión social.

La visión interior es el deseo profundo de servir para transformar este mundo. Hay miles de familias esperando que tú te involucres en el tema de transformar personas que necesiten eso que tú tienes.

Es importante limpiar la mente de toda suciedad para poder tener una visión panorámica, profunda y clara, que te permita vislumbrar lo que está en la distancia, en el futuro.

Frases que nos ayudan a pensar bien

"Y sabemos que a los que **aman** a **Dios** todas las cosas les ayudan a bien, esto es, a los que **conforme a su propósito son llamados".**

Romanos 8:28

"Hay **muchas cosas** de la vida que **llaman la atención a tus ojos**, pero **solo unas pocas** que **llaman la atención de tu corazón. persíguelas**".

Anónimo.

"La **fortaleza y el crecimiento** llegan solo a través de **esfuerzo y lucha continuas**".

Napoleón Hill.

"**Si cambias** la forma en que miras las cosas,
las cosas a las **que miras cambian"**.

Wayne Dyer.

"Hay dos formas de **vivir tu vida**.
Una es pensando que **nada es milagro**.
La otra es **pensando** que **todo es un milagro**".

Albert Einstein.

"No podríamos aprender nunca a ser **valientes**
y **pacientes** si solo hubiese **alegría**
en el mundo".

Helen Keller.

"Mira de cerca al **presente** que estas
construyendo: debería parecerse al **futuro**
que estas **soñando"**.

Alice Walker.

"Cuando no eres capaz de **cambiar** una **situación**,
estas **desafiado** a cambiarte a ti **mismo**".

Víctor E. Frankl.

"Un sueño es solo un **sueño**.
Una **meta** es un sueño con un **plan** y una fecha límite".

Harvey Mackay.

"Una **persona** que nunca cometió un error,
nunca **intentó** algo **nuevo**".

Albert Einstein.

"**Haz cosas por la gente**, no por lo que son o por lo que
te dan de vuelta, **sino por lo que tú eres**".

Rabino Harold S. Kushner.

"**No juzgues** cada día por **lo que cosechas**,
sino por **lo que plantas**".

Robert Louis Stevenson.

"Puedes **saber** más de una **persona**
por lo que dice sobre **otros**, que por lo que otros
dicen de esa persona".

Leo Aikman.

"**La fe** es **dar** el **primer paso** incluso cuando
no ves el **resto** de la escalera".

Martin Luther King.

"**Un viaje de 1000 kilómetros** comienza con un solo **paso**".

Lao-Tse.

"Encontramos **comodidad** con aquellos que están de acuerdo con **nosotros**, el **crecimiento** con los que **no lo están**".

Frank A. Clark.

"Los **pocos** que **hacen** son la envidia de los **muchos** que solo **miran"**.

Jim Rohn.

"La **gratitud** no es solo **la mayor de todas las virtudes**, sino el **padre** de todas las **demás virtudes**".

Cicerón.

"La mejor **forma** de predecir tu futuro es **crearlo**".

Anónimo.

"Asegúrate de que tu **exterior** sea un buen reflejo de tu **interior"**.

Jim Rohn.

"Un **buen corazón** es mejor que todas
las **cabezas del mundo**".

Edward Bulwer-Lytton.

"Veinte años más tarde estarás más **desilusionado** por las cosas **que no hiciste** que por las que hiciste. **Suelta las amarras. Navega lejos del puerto seguro. Atrapa los vientos favorables** en tus velas. **Explora. Sueña. Descubre"**.

Mark Twain.

"**Sé el cambio** que quiere ver en **el mundo**".

Gandhi.

"La **adversidad** es una parte inevitable de la vida. **Acéptala, abrázala y supérala".**

Anónimo.

"La clave del **éxito** es la **autoestima** y la clave de la autoestima es la **preparación"**.

Anónimo.

"No hay **mal** que por **bien** no venga".

Refrán.

"Probablemente tus **sueños** sean **difíciles de conseguir.** Sin embargo, si tienes **ilusión y entusiasmo, con esfuerzo y perseverancia** los **conseguirás".**

Anónimo.

"Para **crecer** personalmente, hagamos todo aquello **que nos de miedo".**

Anónimo.

Los procesos para la madurez del pensamiento

Todo llega a través de un proceso que puede ser acelerado, según tu disposición o la rapidez con la que entiendas cada paso que debes dar.

Ignorar ese proceso no contribuye a un buen desarrollo. La palabra "proceso" se refiere a un conjunto o encadenamiento de fenómenos y es derivada del vocablo latino *processus*, de procederé, que se compone de pro —hacia adelante— y cere —caer, levantarse, caminar—. En síntesis, "proceso" significa progreso, avance, marchar, ir adelante, ir hacia un fin determinado.

"Proceso" está definido como la sucesión de actos o acciones realizados con cierto orden, que se dirigen a un punto o finalidad, así como también, al conjunto de fenómenos activos y organizados en el tiempo. El proceso resulta en una prolongación, en una creación o cualidad que sobresale del resto de las cosas. El que crece en el proceso es sobresaliente.

Un ejemplo de proceso es el desarrollo interior. El crecimiento del ser interior se realiza viviendo los procesos y con el tiempo se logran la madurez interior y empresarial. Dejamos de sufrir cuando entendemos que las cosas de la vida y la madurez interior se consiguen en el caminar, en el proceso, con paciencia y perseverancia. Por eso la perseverancia es muy importante en el proceso, ya que es lo que nos ayudará a superar los momentos difíciles y de tensiones.

Crecer en nuestra vida cristiana es un proceso. Crecer internamente es un proceso. Aprender a ayudar, a conocer la Biblia, a congregarnos y a servir es un proceso. Aprender a dominar las debilidades hasta llegar a la concentración, a la disciplina hasta servir con amor, es un proceso. Aprender a amar, a perdonar, a abrazar, a decir "por favor" y "gracias" también es un proceso. Es algo que logramos perfeccionar si perseveramos en el ejercicio.

El proceso nos perfecciona desde el principio para que al final todo sea ganancia y todo sea brillante. En Eclesiastés dice que es mejor el final del negocio que el principio: *"Mejor es el fin del negocio que su principio; mejor es el sufrido de espíritu que el altivo de espíritu"* Eclesiastés 7:8.

También dice la Palabra de Dios en Job: "Y aunque tu principio haya sido pequeño, tu postrer estado será muy grande". Job 8:7.

El proceso

El proceso avanza entre pruebas pequeñas y pruebas mayores. En todos los escenarios se pueden presentar situaciones que te desacomodan, pero cuando todo parece muy convulsionado, más te acomodarás.

Los procesos hay que saberlos discernir y vivirlos en el interior con mucha capacidad y firmeza para poder entenderlos.

Si tienes un problema económico, es para que conozcas el poder de la prosperidad. La provisión está asegurada para ti y en el proceso podrás conocer tus dones y talentos. La necesidad nos obliga a movilizarnos, a creer, a desarrollarnos, a atrevernos y a ser arriesgados.

Si vives en algún peligro, este proceso te lleva a conocer la seguridad y la confianza. De los procesos ningún ser humano se libra: ni el más sabio, ni el más bueno, ni el más malo se librará de ellos. Al contrario, parece ser que quien fue llamado para lo grande debe atravesar procesos y enfrentar retos asimismo grandes.

Los que fueron llamados para lo grande tienen los dones y facultades, las habilidades y la capacidad total para superar cualquier desafío, para ver durante el proceso y, con el tiempo, los más grandes resultados.

Las pruebas son añadidas a la vida para superar toda dificultad y son indispensables para la formación del ser interior. Cualquiera que desee vivir y crecer necesita pasar por las crisis, por el dolor. Todo aquello le ayudará a madurar y a ser fuerte en la vida.

Eso nos lleva a la perfección; la superación de los vicios y la llegada a la purificación requiere de un proceso continuo, de un esfuerzo constante y voluntario. Cuando entendemos los procesos no existe un "no" como respuesta. Siempre decimos: "Sí, todo es posible, soy libre, soy capaz, me fortalezco, me esfuerzo y doy todo de mí para lograrlo".

La fe, la confianza y la seguridad tienen que entrar en todos los rincones de la vida de la persona. Al principio, lo más difícil para alguien que permite que algo nuevo dirija su vida, es dejar su propia voluntad, su egolatría, su corpolatría y egocentrismo.

Este proceso, que nos lleva a cambiar de mentalidad, no es fácil, porque nos obliga a abandonar lo propio para abrazar la vida, la visión y los sueños. Además, todo lo bueno no es fácil, pero si lo aceptamos en mente, corazón e interior, terminamos ganando al fin de cuentas.

Tienen que ser cambiadas, todas aquellas costumbres que nos impulsan hacia el mal para no seguir probando los tragos amargos de la vida. Todos tenemos que pasar por los mismos procesos de cambio y todos los días debemos cambiar algo.

Todos nosotros tenemos que pasar por ese mismo proceso.

Los buenos pensamientos son los más importantes para obtener la prosperidad.

Lo que es importante no es lo que nosotros seamos capaces de hacer, sino lo que creemos que somos capaces de hacer.

Todo esto comienza con pensar bien y pensar en todas las posibilidades que tenemos, con pensar fundamentándonos en el "¡sí puedo!, "¡sí soy capaz!", "¡sí lo voy a lograr!", "¡sí lo haré!", "¡sí ganaré!", "¡sí seré exitoso!" "¡sí soy rico!" y "¡sí tendré mucha prosperidad en todo!".

Toda persona que va a cambiar realmente se conoce con el compromiso y por el compromiso. Todas las personas que piensan bien y que son ricos en el pensar, cumplen los compromisos.

El compromiso: definición

La palabra "compromiso" deriva del término latino *compromissum* y se utiliza para describir una obligación que se ha contraído o una palabra dada. Por ejemplo, "mañana a las cinco de la tarde paso por tu casa: es un compromiso". En ocasiones, un compromiso es una promesa o una declaración de principios, como cuando un hombre con cargo político afirma: "Mi compromiso es con la gente" o "he adquirido el compromiso de solucionar esta cuestión en el transcurso de la semana".

Al respecto, me gustaría que tuvieras en cuenta los siguientes puntos:

1. Todo programa tiene éxito debido al compromiso y luego, a la participación.
2. Cumplir con los compromisos se debe volver tu estilo de vida, pues de tu tendencia a ser cumplido o a ser incumplido depende la victoria o la derrota, respectivamente.
3. Todos los compromisos se deben cumplir, aún los más difíciles. No siempre será fácil, pero si cumples, disfrutarás de las bendiciones que llueven sobre quienes son cumplidos.
4. Comprométete a renunciar a lo que te estorba para obtener lo que deseas.

5. Todo se puede lograr, si concentramos todo el poder de nuestro cerebro en cumplir con el compromiso y el deber.

Es importante que creas que tu disposición a cumplir con los compromisos marcará tu prosperidad.

Algunos tipos de pensamiento

Comencemos reflexionando sobre dos tipos de pensamiento muy comunes, pero antes quiero darles a ambos una definición especial para evaluar concretamente su influencia en nuestro comportamiento.

Miremos el pensamiento irracional y el pensamiento racional.

El pensamiento irracional

El pensamiento irracional es peligroso, en cuanto está apartado de la compasión y la comprensión del otro. Como ejemplos de pensamiento irracional podemos citar:

"Necesito amor y aprobación de todos cuanto me rodean".

"Es horrible que las cosas no salgan como yo deseo".

El hombre natural es irracional, no racional. Es imposible que una persona que no piensa bien sea racional. Si el Señor no vierte la mente del espíritu en la carne del hombre, este es un ser irracional. Pero, cuando el hombre tiene fe, cree en la vida, en el amor y en la fuerza interior, deja de ser irracional y se vuelve racional.

Hace veinticuatro siglos, Aristóteles definió al hombre como un animal racional, no irracional. Sin embargo, algún profesor de Filosofía o de Artes cambiaría actualmente esa definición y preferiría llamarlo un animal irracional. ¿Por qué? Porque en realidad es muy difícil que el hombre, sin pensar bien, actúe racionalmente.

Al decir "racional" me refiero a que el hombre, por naturaleza, "piensa" o "razona". No obstante, repito lo dicho anteriormente: muchas veces el hombre actúa de tal forma que no hay razón en lo que hace y en lo que debería hacer. Muchas personas no actúan racionalmente cuando tienen la libertad de hacerlo, sino que obran condicionadas por sus placeres, por sus necesidades y según los instintos carnales que controlan su vida, al extremo de perder todo juicio ético.

Hay personas que actúan por presión de la sociedad, como ocurre con aquellos que se fijan mucho en el qué dirán. Hay personas que actúan siempre de acuerdo con la ley, pero exageran en ese apego a la justicia terrenal y sus normas. Desde ese punto de vista, un hombre es como un animal o ser irracional, porque no actúa como debería actuar, es decir, no se rige por la razón o por lo que es verdaderamente correcto o justo.

Por su parte, el irracional piensa lo contrario a la verdad. Hay muchas definiciones para la irracionalidad. Por ejemplo, que no tiene capacidad para razonar. Los animales son seres irracionales.

Sentir odio e ira es irracional. Si siento odio hacia una persona, estoy siendo ilógico e insensato. Irracional es aquel que no entiende que está bloqueado y que no comprende las razones de la vida.

La Biblia lo llama "mulo", "caballo", "necio". *"No seáis como el caballo, o como el mulo, sin entendimiento, que han de ser sujetados con cabestro y con freno, porque si no, no se acercan a ti"* Salmos 32:9.

El que no se acerca a Dios es irracional. La verdad es que el Señor les da un calificativo y trato diferente a los irracionales.

Veamos esos textos de la Biblia:

Bestia: *"Tan torpe era yo, que no entendía; era como una bestia delante de ti"* Salmos 73:22.

Necio: *"Dice el necio en su corazón: 'No hay Dios'. Se han corrompido, hacen obras abominables; no hay quien haga el bien"* Salmos 14:1.

Reprobado: *"Y como ellos no aprobaron tener en cuenta a Dios, Dios los entregó a una mente reprobada, para hacer cosas que no convienen"* Romanos 1:28.

Animal: *"Pero éstos blasfeman de cuantas cosas no conocen; y en las que por naturaleza conocen, se corrompen como animales irracionales"* Judas 1:10.

A quien no entiende el propósito de Dios y su palabra, Él lo pone en el lado de los seres irracionales:

"Pero estos, hablando mal de cosas que no entienden, como animales irracionales, nacidos para presa y destrucción, perecerán en su propia perdición" 2 Pedro 2:12.

"Mis pensamientos no se parecen en nada a sus pensamientos -dice el Señor-. Y mis caminos están muy por encima de lo que pudieran imaginarse" Isaías 55:8.

El ser humano es independiente, porque su pensamiento lo diferencia de los demás.

El pensamiento racional

Ahora hablemos del pensamiento racional. ¿Qué es y en qué consiste?

La característica de este pensamiento es la elaboración de conceptos y el uso de modos lógicos de racionamiento. Racionales son la Filosofía, la Lógica y todo lo que tiene relación con lo intelectual, la inteligencia y el conocimiento humano, con todo lo que obedece a juicios basados en el pensamiento.

Un ejemplo del racionalismo es el sistema filosófico de Immanuel Kant, que se basa en un análisis del conocimiento y en una visión crítica del pensamiento filosófico. A Kant se le considera uno de los pensadores más influyentes de la Europa moderna y de la filosofía universal.

La historia dice que Kant creía en Dios y que era cristiano, pero estaba guiado por la observación de los fenómenos naturales y la fe se había apagado en su espíritu.

Aunque Kant era judío y su concepción de Dios partía de las ideas del judaísmo rabínico escritas en el Talmud, no alcanzó a discernir la existencia de Dios y su influencia entre los hombres de la tierra.

Lo anterior nos demuestra que el pensamiento y la razón son muy importantes en la vida, pero que no debemos abandonar la espiritualidad. De alguna forma, la razón nos ayuda a conectarnos con otros seres humanos y con lo natural, mas no con Dios. Las cosas de Dios no las podemos ver desde lo racional porque son sobrenaturales y están por fuera de nuestro raciocinio.

También es necesario recordar que cada percepción es diferente. La percepción es la manera en la que el cerebro de una persona interpreta los estímulos sensoriales que recibe a través de los sentidos para formar una impresión consciente de la realidad física de su entorno.

Igualmente, la percepción es el conjunto de procesos mentales mediante los cuales una persona selecciona, organiza e interpreta la información proveniente de estímulos, pensamientos y sentimientos, a partir de su experiencia previa, de manera lógica o significativa.

En Filosofía, la percepción es la aprehensión psíquica de una realidad objetiva, distinta de la sensación y de la idea y de carácter mediato o inmediato según la corriente filosófica, idealista o realista (Wikipedia).

Todo es muy importante en el escenario de la vida. Si yo digo que el dinero es malo, que no lo necesito, que no es nada, eso es pobreza y mala interpretación. Pero, si pienso y digo que el dinero es importantísimo para cumplir y cubrir ciertas áreas de la vida, si yo digo: "El dinero sirve para lo que sirve, pero no lo es todo", estoy siendo lúcido y equilibrado.

Hay gente que piensa y dice que el dinero es la causa de todos los males, que no quieren tener dinero porque de pronto se pierden o se dañan. Pero en realidad el problema no es el dinero. El problema es el amor al dinero.

"Porque la raíz de todos los males es el amor al dinero, el cual codiciando algunos, se extraviaron de la fe, y fueron traspasados de muchos dolores". 1 Timoteo 6:10.

Cada cosa que Dios puso en la vida sirve para lo que Dios la puso, para que sirva. Su utilidad no pasará de allí.

El pensamiento racional sirve para ser humanos

Usando la razón, el ser humano puede elegir de qué manera obtiene los mayores beneficios sociales y económicos. El ejercicio de la racionalidad le permite ir más allá de las limitaciones de su propio cerebro y de la influencia aparentemente limitada de sus acciones sobre su entorno, porque ese ejercicio está sujeto a principios de persistencia y firmeza.

Si aplico bien la razón, ella me puede llevar a ser espiritual. Si admiro racionalmente la creación y la evolución del mundo, llegaré a la conclusión de que todo lo hecho es perfecto porque lo creó un ser supremo llamado Dios, de que todo existe por una razón divina, de que todo lo organizó Él para que vivamos disfrutando de sus maravillas.

La razón no me separa de Dios, sino que me lleva a reconocerlo como mi único Creador y me conduce a esta verdad: Jesucristo vino para salvar a los hombres, uniéndolos con su Padre, el autor de todo cuanto existe.

"Acuérdate de tu Creador en los días de tu juventud, antes que vengan los días malos, y lleguen los años de los cuales digas: No tengo en ellos contentamiento" Eclesiastés 12:1.

Aquellos que han sido conocidos como los padres de la razón nacieron en familias judías y otros, en hogares cristianos, como es el caso de Charles Darwin.

Darwin, quien aportó sus estudios sobre la evolución al conocimiento científico, fue cristiano hasta los cuarenta años de edad y fue sepultado como cristiano evangélico.

Más allá de la importancia de Darwin, lo que sí hay que tener claro es que la razón no es suficiente para ver la manifestación de Dios. Ni el buen pensamiento, ni la buena intención, ni la razón, ni la lógica logran darnos las herramientas suficientes para contemplar las formas en las que el Señor se nos revela.

Este ha sido un conflicto de muchas personas que solo tienen buenas intenciones, pero sus obras son escasas. Si la acción es poca, pocos son los resultados.

¿Sabes qué me dice una razón bien aplicada? Que, si busco, encuentro; que, si toco, me abren; que, si llamo, vienen, como dijo Jesús..

Cuando tenemos una relación de conciencia con Dios vemos manifestaciones sublimes de su poder. Una relación de oración me lleva a conocer el mundo invisible de Dios, y ese conocimiento me lleva a ver cómo su reino invisible se convierte en cosas realmente visibles y palpables.

El poder de Dios es invisible y eterno, pero también visible y presente.

Formato de declaración

Si a uno no le está yendo bien en el mundo exterior, es porque no le está yendo bien en el interior. Por ejemplo, hay gente que prospera exteriormente, pero por dentro está perdida, y gente que económicamente no prospera, pero está muy bien internamente y se siente bien así.

Por eso son tan importantes las declaraciones porque éstas envían mensajes al mundo interior, que es la vida invisible.

La razón da sentido y méritos a lo espiritual.

Por ejemplo, la razón dice:

- Si siembro, recogeré.
- Si doy, recibiré.
- Si trabajo, ganaré y comeré.
- Si actúo bien, bien me irá.
- Si persevero, lograré.
- Si pienso bien, viviré bien.

La razón dice: declaro con mis palabras la vida que quiero vivir. Ahora bien, esto que escribo es espiritual y está en la Biblia.

Pienso que has escuchado muchas veces que las palabras se las lleva el viento. Si, eso es cierto. Las palabras se las lleva el viento, porque ellas viajan por el tiempo y el espacio, porque el viento es el espíritu que hace correr las declaraciones de nuestra boca hasta materializarse. Lo que hables ahora, mañana o a su debido tiempo lo verás convertido en realidad.

Las palabras son realidades espirituales.

"Como no conviene la nieve en el verano, ni la lluvia en la siega, así no conviene al necio la honra. Como el gorrión en su vagar, y como la golondrina en su vuelo, así la maldición nunca vendrá sin causa". Proverbios 26:1-2.

Pensamiento imaginativo

Podemos decir que el pensamiento imaginativo es la capacidad de transformar cosas de la realidad inmediata mediante la imaginación y la fantasía. Este tipo de pensamiento está relacionado con el pensamiento creativo.

Durante nuestros primeros años de vida, nuestra mente es especialmente receptiva a los estímulos que recibe. Todas nuestras experiencias serán cruciales para nuestro desarrollo y marcarán nuestra personalidad y nuestra forma de entender el mundo.

Existe la imaginación reproductiva y la imaginación creativa. La reproductiva recrea imágenes de hechos pasados que están en nuestra memoria. La imaginación creativa diseña espontáneamente imágenes que están más allá de los recuerdos y del presente. Esta imaginación puede ser positiva o negativa.

Es positiva cuando imaginamos la solución de algún problema y entramos en un estado emocional agradable. Y es negativa, cuando representamos en nuestra mente problemas sin solución y quedamos en un estado de impotencia.

A este tipo de imaginación creativa también se le suele denominar visualización creativa.

Las personas con una gran imaginación tienen muchas cualidades o virtudes. La imaginación es, según algunos pensadores, el motor del progreso. La capacidad para encontrar nuevas ideas y propuestas basadas en el pensamiento lineal es algo que lleva a beneficios y bendiciones para muchos. Es por eso que tal vez, hoy en día, muchas de las profesiones que reciben más admiración y atención tienen que ver con la creatividad, el arte, el deporte y la tecnología.

La imaginación depende de la capacidad que tenemos para concentrarnos y reflexionar. La concentración y la reflexión son prácticas del ser interior. Cuando estamos con Dios y reconocemos su palabra, esto nos lleva a reflexionar y a la concentración del espíritu, pues éste, como la mente y el alma, es un cuerpo reflexivo que se puede concentrar para alcanzar un objetivo.

El pensamiento imaginativo es la capacidad de ver las cosas de distintas maneras. Dicen que el hombre puede crear muchas cosas que inicialmente solo podía imaginar. Todos los logros de la humanidad han empezado en la imaginación.

Los grandes avivamientos, los grandes milagros, todo pasa primero por la imaginación. El rey David se imaginó que iba a tratar a Goliat de la misma forma que trató al oso y al león que quería llevársele el corderito.

Dijo Saúl a David: "*No podrás tú ir contra aquel filisteo, para pelear con él; porque tú eres muchacho, y él un hombre de guerra desde su juventud*". 1 Samuel 17:33.

David respondió a Saúl: "*Tu siervo era pastor de las ovejas de su padre; y cuando venía un león, o un oso, y tomaba algún cordero de la manada, (34) salía yo tras él, y lo hería, y lo libraba de su boca; y si se levantaba contra mí, yo le echaba mano de la quijada, y lo hería y lo mataba, (35) "fuese león, fuese oso, tu siervo lo mataba; y este filisteo incircunciso será como uno de ellos, porque ha provocado al ejército del Dios viviente (36)*".

Añadió David: "*Jehová, que me ha librado de las garras del león y de las garras del oso, Él también me librará de la mano de este filisteo*". Y dijo Saúl a David: "*Ve, y Jehová esté contigo (37)*".

Los hombres de guerra solo pensaban en el dolor, la muerte y la derrota, porque su mente estaba debilitada por el cansancio o por muchas razones. Puede crearse una imaginación incrédula, negativa, plagada de dudas y temores. Las imágenes del pasado pueden ayudarnos a levantarnos o pueden hacernos caer, pero cualquiera que haya sido la experiencia vivida, uno siempre tiene la posibilidad de comenzar a imaginarse algo bueno, lindo, grande, brillante.

"Y cuando el filisteo miró y vio a David, le tuvo en poco; porque era muchacho, y rubio, y de hermoso parecer". 1 Samuel 17:42.

Entonces dijo David al filisteo: *"Tú vienes a mí con espada y lanza y jabalina; mas yo vengo a ti en el nombre de Jehová de los ejércitos, el Dios de los escuadrones de Israel, a quien tú has provocado"*. 1 Samuel 17. 45.

"Jehová te entregará hoy en mi mano, y yo te venceré, y te cortaré la cabeza, y daré hoy los cuerpos de los filisteos a las aves del cielo y a las bestias de la tierra; y toda la tierra sabrá que hay Dios en Israel (46).

"Y metiendo David su mano en la bolsa, tomó de allí una piedra, y la tiró con la honda, e hirió al filisteo en la frente; y la piedra quedó clavada en la frente, y cayó sobre su rostro en tierra (49).

"Así venció David al filisteo con honda y piedra; e hirió al filisteo y lo mató, sin tener David espada en su mano (50).

"Entonces corrió David y se puso sobre el filisteo; y tomando la espada de él y sacándola de su vaina, lo acabó de matar, y le cortó con ella la cabeza. Y

cuando los filisteos vieron a su paladín muerto, huyeron (51)".

Es importante resaltar que la imaginación te sirve para visualizar y atraer lo que no existe. Todo llega primero al pensamiento imaginativo. Los grandes líderes de las finanzas, el comercio, la industria, la música, el arte y la literatura han desarrollado su pensamiento imaginativo, también llamado imaginación creativa. Por eso, todo lo que queramos construir, primero lo tenemos que imaginar.

Piense en cómo tuvo que activar su imaginación Noé para construir el arca, en una época sin arquitectura ni herramientas como las que tenemos actualmente.

Se sabe muy bien desde tiempos antiguos que no se puede lograr nada; a menos que primero se pueda ver en la mente lo que se quiere realizar.

Si tú no puedes imaginar algo, es muy difícil que suceda un cambio en tu vida, porque ese cambio depende de nuestra imaginación. Iniciar tu propio negocio, emprender con un proyecto novedoso, entrar a la universidad, graduarse, tener un ministerio estable y creciente, pasar de ser empleado a ser un propietario: todas esas iniciativas debes visualizarlas en tu mente, si deseas materializarlas.

En todos los casos, hasta que algo no se haya visto primero en la mente, es imposible llevarlo a cabo. Cuando pensamos bien, dejamos de ser pasajeros y pasamos a tomar el timón. El pensamiento tiene mucho poder en la vida, porque de acuerdo como pensemos, así viviremos.

Para mí, el pensamiento es como un campo que va tomando la forma de lo que pienso. Lo que pensamos se va desarrollando. Los grandes edificios se erigen aparentemente de la nada, pero sus cimientos más importantes son los pensamientos. Alguien ve un terreno vacío y luego pone en él un anuncio que dice: "Aquí se construirá pronto un gran proyecto". Ten por seguro que con el paso del tiempo ese terreno será convertido en un centro comercial, un condominio o un complejo de torres inmensas.

Lo que hoy vemos creado fue porque nació en la mente de alguien. Los éxitos que tienen las personas triunfadoras dependen del tamaño de sus pensamientos. A quienes piensan en grande, grandes victorias les esperan.

Pensamiento rumiante

Hay otro tipo de pensamiento que solo nos sirve para darles vueltas sin parar a cosas que nos preocupan. Ese pensamiento, además de ser completamente inútil, es dañino, causa fatiga y desespera. Lo llamo pensamiento rumiante.

Rumiar es peligroso: nos conduce directamente a la ansiedad y a la depresión. Ofuscarnos en nuestros pensamientos es contraproducente para la salud espiritual y mental.

"Las personas que no rumian sus problemas ni se culpan por las experiencias negativas de su vida tienen niveles de depresión mucho menores que las que sí lo hacen", asegura Peter Kinderman, profesor de Psicología Clínica, en un informe elaborado para la BBC con el apoyo de psicólogos de la Universidad de Liverpool.

Un estudio de Kinderman mostró que los traumas que más inciden en el desarrollo de una depresión son el abuso sexual o haber sufrido de acoso escolar o bullying durante la adolescencia. Otras causas de la depresión son los problemas familiares y académicos, y la insatisfacción con el salario, las relaciones personales y el estatus social.

Pero estos traumas por sí mismos no son la única causa de la depresión, de acuerdo con Kinderman. Entre las tendencias psicológicas que contribuyen a cuadros depresivos, rumiar preocupaciones y pensamientos negativos es más nocivo que autoculparse, según Kinderman.

Quedarme 'masticando' mentalmente por horas y horas los errores, temores y frustraciones del pasado no llevan a nada bueno. Pueden conducir al fracaso y a la ruina.

Pensando en círculo

El pensamiento en círculo o recurrente es aquel que aflora de manera repetitiva en nuestra mente sin que conscientemente lo hayamos provocado. Es un pensamiento que viene una y otra vez, durante días, a nuestra mente y que, por regla general, suele estar cargado de negatividad. Es un pensamiento destructivo que revoluciona nuestras emociones y que en rara ocasión aporta valor a las acciones que lo acompañan.

El pueblo de Israel anduvo en el desierto durante cuarenta años, dando vueltas y vueltas. Ellos se autodestruyeron por su forma de pensar en círculo, por girar en torno a un mismo pensamiento negativo de dolor, de baja autoestima y autocompasión.

"A causa de lo cual me disgusté contra esa generación, y dije: 'Siempre andan vagando en su corazón, y no han conocido mis caminos'". Hebreos 3:10.

Un pensamiento en círculo siempre se aleja de lo bueno y, por ende, te aleja de aspiraciones y de conquistas. Se concentra en el problema y se rehúsa a hacer lo que realmente se debe hacer para salir del encierro mental. El pensamiento en círculo te arroja en el mar de los problemas y te impide salir de él.

"*Tuvo que soportarlos durante los cuarenta años que anduvieron vagando por el desierto*" Hechos 13:18.

El pensamiento en círculo es el pensamiento de la esclavitud. Los hombres pueden ser libres aparentemente pero, en realidad, la mayoría todavía son esclavos por su mala forma de pensar. A esa mala forma de pensar se le llama pensamiento circular porque puede llegar a someternos a una misma cosa. Pero cuando comenzamos a hacer cosas diferentes estamos saliendo de ese círculo y eso trae recompensa.

Muchas personas llegan a nosotros con ideas diferentes y también Dios nos dice en su palabra: "*Renovaos la mente de vuestro espíritu*" *Efesios 4:23.*

También nos dice que no nos conformemos a este siglo, sino que nos renovemos y transformemos por medio de la renovación de nuestro entendimiento, y que probemos con la buena voluntad de Dios, que es buena y agradable y de beneficios generales.

"*Así como la puerta gira sobre sus bisagras, el perezoso da vueltas en la cama*" Proverbios 26:14, NTV.

Una mente sin bases de fe te hace dar vueltas. Si tu mente da vueltas, tu cuerpo y tu vida también darán vueltas.

Cuántas veces te ha pasado que tras una discusión no dejas de pensar en las palabras que dijiste y en aquellas palabras que te dijeron. A esos pensamientos no dejas de darles vueltas y vueltas en tu cabeza. Le das muchas vueltas a las cosas que te pasan en el día.

No poder parar el pensamiento es una situación más habitual de lo que creemos. Todos nos enfrentamos a lo mismo, hasta que descubrimos la mejor forma de pasar de un pensamiento a otro diferente.

Hay que aprender a hacer el balance de nuestros errores y voltear la página rápido.

Los pensamientos en círculo son pensamientos nocivos que no dejan de rondar por nuestras cabezas, es decir, se aparecen una y otra vez, y dan lugar a un sentimiento de frustración. Las personas que tienen pensamientos en círculo sienten la necesidad de recordar insistentemente un mismo suceso.

El propósito en esta vida no es que nosotros estemos viviendo cosas repetidas, sino que tengamos una vida diferente y de cambios constantes.

La alegría de vivir y de sentirse bien llega cuando nuestros pensamientos son lineales y paralelos. Todo el que pone el rostro hacia arriba estará arriba y el que pone la mirada en lo que está adelante avanza en el camino, no será frustrado ni se estancará. Esto no depende de nadie más, sino de ti mismo, que tienes la libertad de decidir y de concentrarte en una meta y en un pensamiento grande y bueno de desafíos y conquista. Las piedras en el zapato y las rocas de la vida están en nuestras mentes carnales debilitadas por malos sucesos que nos vuelven esclavos de recuerdos que atormentan nuestra paz.

La turbación

Turbar significa alterar el estado o el curso normal de una cosa. De acuerdo con una frase muy sabia, "ningún acontecimiento del mundo exterior, por triste, por alegre que sea, puede turbar la paz de la vida".

Turbar también es alterar el ánimo de una persona, confundiéndola o aturdiéndola hasta dejarla sin saber qué hacer ni qué decir. Hay noticias que turban, preguntas que turban por muchos factores.

Cuando una mujer le hace algunas preguntas a un hombre enamorado, éste se turba precisamente porque está enamorado de ella y no sabe qué decir ni qué hacer. Se bloquea de tal forma que responde mal y no puede salir de su estado de aturdimiento.

Turbar es, asimismo, sorprender a alguien, de modo que no acierte a hablar o a proseguir con lo que estaba haciendo. Por eso decimos a veces: "Al verte se turbó y comenzó a temblar".

Todos estos tipos de comportamientos los podemos aprender a manejar para no estar turbados o confundidos.

Ahora, la tarea es superar todos los conflictos mentales que podamos tener y que nos llevan a la incertidumbre, a sudar frío, a imaginarnos cosas que no son reales, cosas que nos asustan. Esos pensamientos sugestivos nos debilitan, nos derrumban, nos dividen y nos separan de las personas amadas, de las cosas buenas y de los logros que deseamos tener.

Hay personas que piensan que las despidieron de la empresa o del trabajo porque el jefe les tenía rabia, porque todos los compañeros les tenían envidia y les hacían la guerra para frustrar su excelente desempeño. Pero en la mayoría de casos no es así.

El empleado o trabajador debe sentarse en un lugar solitario, con el corazón totalmente dispuesto a ser sincero consigo mismo, para hacerse un examen concienzudo. Debe reflexionar sobre las realidades que él puede cambiar con su comportamiento y su buen pensamiento, pues las conductas y las ideas nobles son los cimientos con los que edificará la vida que quiere tener. Es bueno evaluar interiormente nuestras acciones para evitar fracasos.

Es necesario que se desarme de todo tipo de orgullo, soberbia, anarquismo, y de toda obstinación, que es igual a la terquedad.

La palabra concienzudo se refiere a quien pone mucha atención, cuidado y aplicación en lo que hace. El que es muy analítico de sí mismo, es muy diligente en su trabajo, en su casa, en su profesión y en todos los aspectos de su existencia.

Lo que se hace a conciencia es hecho con mucho rigor y cuidado. Por eso, calificamos como "una investigación concienzuda" o "un análisis concienzudo" a cualquier estudio que resulte muy completo y valioso para las ciencias naturales, exactas o sociales.

Es de tener en cuenta que una persona soberbia, orgullosa, rebelde, casi nunca reconoce que se equivoca ni se sienta a reflexionar para cambiar. Esa persona vive pensando que todos los demás están equivocados y que solo él tiene la razón y cuando le da la razón a alguien, es porque el otro es de su agrado o le conviene estar de acuerdo con él. Eso alimenta más su ego y su orgullo, pero cuando alguien le lleva la contraria, esa persona arrogante se irrita, se indispone.

Muchas personas de bien, y aun reyes, también despreciaron sus privilegios con los mismos gestos de orgullo, anarquía, desobediencia, competencia desleal, impulsados por los caprichos de su soberbia.

La caída de estos reyes y de estas 'estrellas' no fue por fornicación ni adulterio, ni porque fueran borrachos o fumadores, ni por vicios del placer. Cayeron por su soberbia, orgullo, rebeldía y terquedad. Lo anterior no quiere decir que los otros defectos y vicios sean aprobados. ¡Para nada! Todo lo que conlleva a la destrucción de la vida, sea un hábito nocivo o un sentimiento, me daña a mí mismo y a otras personas, en cuerpo y espíritu.

Por ejemplo, hay muchas personas en posiciones de poder que se creen imprescindibles y muy buenos porque no tienen vicios ni flaquezas, pero en realidad, no se dan cuenta que están cargados de defectos. Son petulantes, conflictivos, chismosos, obstinados, mentirosos y llenos de envidia. Aun así, están convencidos de que son los más santurrones y no reflexionan en que otros personajes parecidos a ellos cayeron desde lo más alto a lo más bajo por su altanería y egolatría.

Recuerda que cualquiera puede subir desde lo más bajo, pero también que cualquiera puede desplomarse y hundirse rápidamente.

Por eso, cada día tenemos que blindar nuestra mente con pensamientos sinceros y conseguir herramientas necesarias para pensar bien. Elige bien qué libros leer y no escojas cualquier tipo de literatura que solo te entretenga y te haga perder el tiempo.

Leamos, entonces, minuciosamente:

"Descendió al sepulcro tu soberbia, y el sonido de tus arpas; gusanos serán tu cama, y gusanos te cubrirán.

¡Cómo caíste del cielo, oh Lucero, hijo de la mañana! Cortado fuiste por tierra, tú que debilitabas a las naciones.

Tú que decías en tu corazón: Subiré al cielo; en lo alto, junto a las estrellas de Dios, levantaré mi trono, y en el monte del testimonio me sentaré, a los lados del norte;

sobre las alturas de las nubes subiré, y seré semejante al Altísimo.

Mas tú derribado eres hasta el sepulcro, a los lados del abismo.

Se inclinarán hacia ti los que te vean, te contemplarán, diciendo: ¿Es éste aquel varón que hacía temblar la tierra, que trastornaba los reinos?"
Isaías 14:11-16

Esta es una de tantas referencias a ese orgullo que tienta a desafiar a las autoridades por el poder propio, una de tantas menciones a esa autosuficiencia por la cual algunos buscan independizarse del líder. Debemos reflexionar y abandonar cualquier pizca de soberbia, rebeldía y obstinación, que es terquedad.

La soberbia es una discapacidad que puede afectar a ciertos mortales pobres de mente y en realidad infelices, cuando se les delega algún poder o autoridad. La soberbia es una actitud que suele ser mal vista dentro de la sociedad y es molesta para las personas en general.

En tal sentido, es necesario reflexionar, de forma humilde y sincera, por qué se rechaza tanto la arrogancia.

En Wikipedia se puede leer lo siguiente:

"La soberbia (del latín superbia) u orgullo (del francés orgueil) es un sentimiento de valoración de uno mismo por encima de los demás. Otros sinónimos son altivez, altanería, arrogancia, vanidad, etc.

En términos negativos, la soberbia es una actitud orgullosa que caracteriza a aquellas personas envanecidas de sí mismas. Genéricamente se la define como la sobrevaloración del yo respecto a los otros, para superar, alcanzar o superponerse a un obstáculo o situación, o bien en alcanzar una elevada desvalorización del contexto. También se puede definir la soberbia como la creencia de que todo lo que se posee es superior, que se es capaz de superar todo lo que digan o hagan los demás, o de superar los prejuicios.

La soberbia incita a la persona a valorarse demasiado, enorgulleciéndose y creyéndose capaz de hacer cualquier cosa por encima de los demás e incluso de sus propias capacidades, de las circunstancias o, mejor dicho, los contratiempos que se presenten. Esta idea deriva directamente en que el soberbio ponga en detrimento a las demás personas, debido a que piensa que sus capacidades o que su valor no se equiparan al suyo, por lo que se lo considera arrogante".

La soberbia mata cualquier talento. Donde está ella, hay ignorancia y falta de amor verdadero.

Frases sobre la soberbia

Hay muchísimas frases que definen y critican a las personas soberbias. Como la soberbia es un defecto que siempre ha existido, encontrarás citas de autores de todas las épocas.

"La **soberbia** es la **máscara** de la **ignorancia**".
Anónimo.

"Donde hay **soberbia, allí habrá ignorancia**;
mas donde hay **humildad**, habrá **sabiduría**".
Salomón.

"**Más reinos** derribó la **soberbia** que la **espada**,
más príncipes se perdieron por **sí mismos**
que por otros".
Saavedra Fajardo.

"**Ruin arquitecto** es la **soberbia**; los **cimientos** ponen
en lo alto y **las tejas en los cimientos**".
Francisco de Quevedo.

"La **soberbia** no es **grandeza**, sino hinchazón;
y lo que está hinchado parece grande,
pero **no está sano**".
San Agustín.

"La **naturaleza de los hombres soberbios y viles** es
mostrarse **insolentes en la prosperidad** y
abyectos y humildes en la **adversidad**".
Nicolás Maquiavelo.

"La **soberbia** es una **discapacidad** que suele afectar a pobres infelices mortales que se encuentran de golpe con **una miserable cuota de poder**".

José de San Martín.

"La **soberbia** es el **vicio** de los **ignorantes**".

Leonardo Murialdo.

"La **soberbia** es la **rabia** del **impotente**".

Francisco Rubio Bermejo.

Comportamientos equivocados

Al soberbio le gusta señalarles a los demás lo mucho que deben cambiar en sí mismos, pero poco le gusta que le señalen a él lo que debe cambiar de su personalidad.

La mejor demostración de humildad es dejarse enseñar, dejarse amar, dejarse corregir, dejarse supervisar, dejarse guiar, estar dispuesto al cambio cada día. Disfrutar de la instrucción y de la corrección debe de ser la actitud correcta.

La mente se rebela o piensa mil cosas antes de cambiar y dar el giro hacia donde realmente debe ir.

Por ejemplo, sabemos que tenemos que acostarnos temprano para madrugar, pero la mente se niega a acatar la orden. Ella dice: "Me acuesto más tardecito. Voy a ver un rato la TV". La meta era acostarse a las 10:00 p.m., pero se termina acostándose a la 1:00 a.m. Querías levantarte a las 5:00 a.m., pero como te acostaste tarde, te cuesta trabajo despertarse a esa hora. La mente te dice: "Quédate en la cama un poquito más. Mira que te acostaste después de la medianoche", y comienzas a dar vueltas en la cama, sin poder abandonar esas cobijas que te parecen tan tibias. Luego, cuando logras ponerte en pie, te fijas en la hora: son las nueve o diez de la mañana y sientes que el tiempo no te alcanzará para lo que debes hacer a lo largo del día. Si no pones la mente en su sitio, no podrás cumplir con las cosas que te has propuesto en cada jornada.

Pasar del pensamiento a la acción es la mejor forma en que podemos recuperar muchas cosas buenas que hemos abandonado. Hoy más que nunca debemos obrar con rapidez y firmeza en nuestras decisiones, sin pensar demasiado, sin girar en torno a los mismos temores y prevenciones, entendiendo que cada día tenemos que avanzar varios pasos hacia nuestro objetivo.

La calidad de vida que deseas se basa en la calidad de tus pensamientos. Si piensas en los beneficios que tú mismo puedes procurar disciplinado tu mente, vivirás satisfecho. La vida es un lujo, siempre y cuando mi mente sea lúcida. La lucidez me permite ver cosas grandes y nuevas por doquier. Si quiero liberar mi mente y hacer cosas novedosas y transformadoras, cosas que estaban ocultas, pero que puedo ver con mi mente y espíritu, debo actuar rápido para no perder el impulso. Ese impulso llega como manifestación de la fe y nos conduce a creer que sí somos capaces. No dejes pasar el momento en que te sientes decidido, porque después no tendrás la misma resolución y la misma fe. Hay que aprovechar ese cuarto de hora que a todos nos llega. No lo dejes ir. ¡Atrápalo!

Tercera parte

Mi cuarto de hora

Es ese maravilloso momento cuando te llegan todos las oportunidades. Tu cuarto de hora es ese momento en el que todos comienzan a hablar bien de ti. Esta etapa de tu vida tiene mucho que ver con el éxito.

Hoy en día nos estamos familiarizando mucho con el tema del éxito. En todas partes, a todas los niños y jóvenes se les está enseñando que hay que alcanzar el éxito para ser alguien en la vida.

Anteriormente, no se nos hablaba sobre el éxito. No se nos explicó en qué consistía, de qué estaba hecho ni nos enseñaron una fórmula. Entonces, mientras crecíamos y entendíamos también de qué se trataba vivir, inventamos muchas cosas sin imaginarnos siquiera qué era el éxito. Pero luego comenzaron a llegar pistas de algún lugar que inmediatamente asociamos con esa búsqueda del éxito, como cuando alguien dice: "A esa persona le llegó su cuarto de hora".

No sé si lo que uno busca, cuando está persiguiendo un sueño, sea un "cuarto de hora". Cuando intentamos alcanzar una meta y la tenemos cada vez más clara, empezamos a sentir los empujoncitos de las cosas buenas y aparecen muchos medios que podemos emplear para realizar nuestros deseos. Un cuarto de hora podría definirse como ese momento específico en el que todos, de repente, comienzan a hablar de ti, te contratan, te regalan, te tienen en cuenta, te aceptan, te llevan, te traen, te reciben, le caes bien a todo el mundo, te aplauden, te reconocen y esto te hace sentir que el cielo abrió sus puertas para ti. Es cuando comienzas a parecerles perfecto a todos y tus proyectos funcionan, se agilizan, te suben el sueldo, inicias un negocio y vendes rápidamente toda tu mercancía. Es impresionante cuando estás en tu cuarto de hora, cuando pasas del infierno a la gloria de un día para otro.

Esto ha ocurrido en miles de casos. Muchísimas personas que eran pobres y estaban arruinadas, endeudadas y amargadas pasaron a la historia como millonarias y famosas.

Al cuarto de hora llegan los que perseveran con buena disciplina y buen genio, los que nunca se rinden a las circunstancias adversas, los que usan la adversidad como un caballo de batalla. Las dificultades nos impulsan, nos obligan a avanzar.

No importa qué día llegue tu cuarto de hora. Debes estar suficientemente preparado para cuando surja ese momento, de tal manera que puedas llevar a cabo todo el trabajo que tendrás que realizar cuando te encuentres con tu oportunidad de brillar. Debes disfrutar ese trabajo y desarrollarlo con la mejor de las voluntades, pero también debes saber administrar tus esfuerzos y tus ganancias. Ante todo, sacar el mayor provecho de ese instante glorioso que te da la vida y no sabotearlo con malos pensamientos y actitudes negativas.

Obliga a tu mente a pensar bien

No siempre la mente es voluntariosa para pensar cosas buenas. Hay cosas negativas que la mente registra y repite hasta debilitarte por completo, hasta que reacciones y te des cuenta de que esos pensamientos te están destruyendo. Sin embargo, la mente es terca: desea permanecer en un estado de sufrimiento y de compasión, lástima y laceración de sí misma.

Es necesario que nos obliguemos a pensar bien, con entusiasmo, con éxito; pensar en lo honesto, en lo bueno, en lo justo, en lo puro.

Dí: pienso en estas cosas y me voy a concentrar en ellas.

Dice la psicología que las ideas llevan a los actos. De ahí que debemos estar luchando constantemente para rechazar los malos pensamientos. Por ello, la primera batalla que enfrentamos en nuestra guerra contra la frustración es identificar las debilidades que se hallan en la mente. Si no logramos vencer los malos pensamientos, estos toman la fuerza para transformarse en actos que son expresiones de la pasión y la maldad.

Para que haya frustración se requiere debilidad. Una cosa es tener tentaciones y otra caer en ellas. Así, por ejemplo, cuando supero un mal pensamiento que cruza por mi mente, no he fallado. Todo lo contrario, he realizado una acción meritoria que fortalece mi voluntad. En cambio, cuando empiezo a consentir y recrearme con ese mal pensamiento, debilito mi voluntad, exponiéndome a caer en acciones torpes y malas. Por ello, la falla empieza cuando consentimos los malos pensamientos o los malos deseos en nuestra mente. Cuando los malos pensamientos y deseos se presenten, despierta tu pensamiento poderoso e involúcrate en conversaciones y actividades productivas.

Ten en cuenta estos consejos:

- ✓ Si piensas en el dolor, piensa en el alivio.
- ✓ Si piensas en el daño que te hicieron cuando estabas pequeño, piensa en la misericordia.
- ✓ Si piensas en la venganza, piensa en el perdón.
- ✓ Si tienes pensamientos de pobreza, piense en la riqueza.
- ✓ A pensamientos de tristeza responde con pensamientos de alegría.
- ✓ Si piensas en el daño que te hicieron o en el alguien que te maltrató, piensa en la restauración.

Toda idea negativa que se quiera repetir en tu mente contrarréstala con pensamientos e imágenes positivas, de beneficio, de dicha, de calma y de gratitud. Hay que ir limpiando la mente de cosas aprendidas para que aprendamos nuevas cosas. No nos podemos quedar con lo viejo.

En lo primero que me debo concentrar es en la necesidad de iniciar una nueva vida, con nuevos pensamientos y nuevos propósitos, y debo concentrarme en ese objetivo hasta que lo logre. Quien domina el pensamiento, domina las circunstancias.

Pensamientos trastornados

El trastorno postraumático es un desorden mental y probablemente del ser interior. Se caracteriza por la aparición de síntomas específicos tras la exposición a un acontecimiento estresante, extremadamente traumático, que involucra un daño físico o es de naturaleza extraordinariamente amenazadora o catastrófica.

Este tipo de pensamiento puede desarrollarse en una persona poco después de que ha sido expuesta a sucesos traumáticos de índole diversa. Hay muchas cosas que nos crean traumas mentales, anímicos y emocionales. Por ejemplo:

1. Todo lo que no le gusta a tu ego.
2. Una represión.
3. Las críticas.
4. Los chismes y comentarios que hacen en contra de nosotros.
5. Un llamado de atención muy severo.
6. Heridas o dolor que le quedan al combatiente de una guerra.
7. Torturas, acoso sexual o amenazas de muerte.

El diagnóstico puede facilitarse cuando surgen un conjunto de síntomas angustiosos: recuerdos perturbadores, vacíos en la memoria con respecto al hecho traumático —lo que llaman amnesia selectiva— y repetición involuntaria de imágenes y sensaciones tormentosas relacionadas con el acontecimiento en cuestión.

Ejemplos de esas situaciones dolorosas son los que viven los veteranos de guerra, los policías en las calles, las trabajadoras sexuales, los niños víctimas de maltrato, las mujeres que abortaron, abandonaron o tuvieron que dar a sus hijos en adopción.

Los pensamientos trastornados

Este tipo de pensamientos son los que llevan a la persona a la depresión, es decir, a un estado de dolor y sufrimiento interno que conducen al hundimiento emocional.

Hay muchos acontecimientos que pueden desembocar en pensamientos trastornados: un riesgo de muerte, lesiones graves, violencia sexual por acoso o por violación, cualquier tipo de maltrato familiar, el abandono de los seres queridos, un divorcio o separación, el hecho de que un familiar o la pareja deba viajar a otro país por cuestiones de trabajo o estudio, y ser despedido del trabajo, entre otros. Durante el embarazo y después de dar a luz también se pueden tener pensamientos trastornados.

Un acontecimiento nos puede generar traumas si nos ocurre directamente a nosotros, pero también, es posible que nos traumatice si solo somos testigos de lo sucedido. Lo que le pasa a un familiar, a un amigo, a un conocido o a un desconocido nos puede afectar psicológicamente.

La tristeza es un sentimiento que se manifiesta en todos los seres humanos en determinadas ocasiones, pero la depresión es una enfermedad mental y espiritual que provoca sentimientos abrumadores de tristeza y abatimiento y que conduce a la incapacidad generalizada de disfrutar la vida.

Estos son los pasos para vencer un pensamiento trastornado:

1. Reconocer que tienes problemas con tu mente y con tu comportamiento.
2. Reconocer que necesitas ayuda.
3. Reconocer que puedes salir del problema, que sí es posible.
4. Busca la ayuda de especialistas que conozcan de transformación espiritual.
5. Aprende a meditar a solas para experimentar cambios de pensamiento.

6. Medita por periodos de una hora o más, dos o tres veces al día, de lunes a domingo.
7. Es recomendable hacer dietas alimenticias por lo menos una vez al mes.

Según Wikipedia, *"la depresión es una palabra derivada del latín depressio, que significa 'opresión, encogimiento o abatimiento", y que describe un "trastorno del estado de ánimo, transitorio o permanente, caracterizado por sentimientos de abatimiento, infelicidad y culpabilidad, además de provocar una incapacidad total o parcial para disfrutar de las cosas y de los acontecimientos de la vida cotidiana. Los trastornos depresivos pueden estar, en mayor o menor grado, acompañados de ansiedad".*

Los estados depresivos afectan principalmente la motivación personal. Producen tristeza constante, decaimiento, irritabilidad, frustración, disminución del rendimiento laboral, académico y en las actividades diarias, pérdida de interés e incapacidad de disfrutar de lo que antes parecía entretenido o divertido.

En Colombia, la mayoría de personas hemos sufrido problemas psicoafectivos similares por causa de los miedos y tensión mental asociado con la violencia, en otras palabras, por el accionar de las guerrillas, los paramilitares, el narcotráfico, la delincuencia común. Los abusos y la corrupción del Gobierno Nacional, junto con la desigualdad social, también son causantes de depresión.

Para hablar de mi caso, yo me crié en un pueblo en el que desde niño nunca me sentí seguro y vi peligros permanentemente. La sensación de amenaza aumentó cuando mi papá nos llevó a vivir a Cali, ciudad que desde hace unas décadas sufre por la violencia, donde la droga, las pandillas, los robos, el sicariato y todo tipo de abusos ocurren ante los ojos aterrorizados de sus habitantes, día y noche.

No miento si digo que casi todos los colombianos hemos tenido que llorar por el asesinato de alguno de nuestros parientes, amigos o seres queridos. En el caso mío, cuando yo tenía 26 años asesinaron a mi hermano, que tenía 27. Un hombre armado entró a su lugar de trabajo y le disparó en la cabeza frente los ojos de su hijo, mi sobrino, un niño que solo tenía ocho o nueve años. ¿Se pueden ustedes imaginar el trauma afectivo, emocional, mental y espiritual que esa tragedia nos causó?

Cuando estaba a punto de cumplir trece años decidí irme de mi casa y del barrio donde vivía, porque muchas cosas me estaban traumatizando. Me fui tan repentinamente y guardé tal silencio después de mi partida, que mi familia pensó que yo había muerto.

He trabajado en el Distrito de Aguablanca, en Cali, desde 1999. Cuando empecé mis labores en dicho sector, los estudios estadísticos y sociológicos afirmaban que era no solo el más violento de la ciudad, sino uno de los más peligrosos en el mundo por cuenta del microtráfico de estupefacientes, la existencia de pandillas, el sicariato, la venta de armas, la violencia intrafamiliar, la orfandad, el abandono de los hogares y la falta de oportunidades de empleo y educación.

Comencé mi trabajo allí sanando corazones y mentes, predicando la Palabra de Dios y dando a conocer el poder y el amor infinito de Nuestro Señor. Ese trabajo aún continúa y seguirá, en tanto Dios me lo permita.

A pesar de todo esto que les cuento, creo que dentro de cada persona que hace cosas malas hay algo bueno. Dios no se equivoca. Todo lo que Él hizo es bueno y oportuno. El hombre es bueno porque fue creado por el Señor. Malo es lo que hacen los seres humanos cuando olvidan lo bondadoso de su naturaleza como hijos de lo bueno, pero pueden recobrar su naturaleza cuando recuerdan que son creados para cosas buenas.

Sanando la mente y el pensamiento

El amor es un espíritu que Dios nos dio para que podamos amarlo a Él y amarnos a nosotros mismos y a los demás con toda la fuerza y con toda sinceridad.

Asimismo, sanar la mente es muy necesario y muy importante para poder pasar la página sin que se quede algo malo de nuestro pasado que nos haga sentir mal. Cierro las puertas a todo dolor que ya pasó y que no será más. Ya todo terminó.

Busco un lugar a solas donde pueda gritar a todo pulmón: "¡Se acabó! ¡No más tortura, no más recuerdos!". Voy a gritar y a sacar todo lo que está reprimido en mi mente y en mi corazón para librarme de una vez por todas, de ese fantasma del pasado que me persigue, me atormenta, me asusta, que hasta en el sueño se me aparece y no me deja dormir. Decido ser libre. Hoy no quiero más dolor en mi corazón, no más pensamientos que me hagan sufrir. Se acabaron los malos pensamientos. Seco las lágrimas en mi cara, levanto mi cabeza, miro hacia arriba y camino hacia adelante.

Te invito a que hagamos estas declaraciones con poder:

- ✓ Rechazo ese pensamiento de autocompasión y lástima hacia mí mismo.
- ✓ Rechazo ese pensamiento de soledad y tristeza.

- ✓ Rechazo ese pensamiento de depresión.
- ✓ Rechazo ese pensamiento de rebeldía y anarquismo.
- ✓ Rechazo ese pensamiento de terquedad.
- ✓ Rechazo ese pensamiento de soberbia y altanería.
- ✓ Reconozco que ese pensamiento negativo estaba en mí, pero que ya lo expulsé.
- ✓ Reconozco que estaba equivocado, pero que a partir de este momento reflexionaré sobre la verdad.

Debes creer esto: la verdad es el hoy, el ayer ya pasó. Las cosas viejas quedaron atrás, solo me queda el presente, al que observaré con cuidado, y un mañana que conquistaré y aprovecharé para ser mejor cada nuevo día.

Declara esto: decido salir del trauma, del trance, de la ignorancia, de la perdición, de la pobreza, de la torpeza. Decido estar abierto a lo nuevo, a volver a empezar, a cosas grandes.

Di desde ahora: comienzo a ver lo lindo de la vida, lo bueno de la creación, a disfrutar de la vida, pues es la única que tengo, la verdadera vida que Dios me dio. Voy a disfrutarla con mi familia y mis amigos. Voy a amar a mis enemigos. Voy a disfrutar todo lo que dicen de mí. Me reiré de mis adversarios, luego de entender que me están mirando porque soy alguien nuevo, alguien de quien hablan porque tengo éxito o lo estoy buscando, porque, de alguna forma, soy importante para ellos. Voy en la delantera. Por eso, se fijan en mí, en mis decisiones y acciones.

Lo que hago será notable ante los ojos del que viene detrás de mí. Entiendo que todo lo que ocurre es una colaboración para mi crecimiento. Alabo a quien me critica tanto como al que me aplaude. Sonrío frente a las limitaciones y desafíos de la vida. Todo lo superaré con dignidad y grandeza, porque todo es posible para los que tenemos fe.

Nada me podrá detener. Estoy determinado a terminar la carrera de la vida con éxito, con bendición, con felicidad.

Bendigo a mis hijos, nietos, bisnietos y al resto de mis generaciones, con lo más grande de la vida: la libertad que proviene de Dios. Serán libres para pensar, soñar, amar, heredar y dejar herencia.

Dejaré evidencias de que un día fui una persona del común, pero que cambié mi forma de pensar y que mis nuevos y buenos pensamientos me dieron la oportunidad de vivir una excelente vida. Vivo bien porque pienso bien. Soy libre en mi mente para siempre.

Esta será la herencia para mis próximas generaciones: toda mi descendencia pensará superbién. Vivirán superbién, no verán barreras, ningún obstáculo los detendrá; todo será posible para mis sucesores venideros.

Lo que está dañado se repara y lo que está bueno se perfecciona. Decido ser feliz sin importar lo que sucedió. Los dolores y frustraciones de ayer son una vieja historia que ya tuvo su final.

Me importa lo que va a suceder a partir de este momento. Lo mejor está por venir, está cerca de mí, lo tocaré pronto y seguiré marchando hacia la meta. Sumergiré mis manos en profundas riquezas y tocaré las alturas con mis manos, porque tengo una voluntad muy grande, que cree que todo es posible, que sí puedo.

Soy millonario en gozo, paz, amor y dinero. Estoy cubierto de bendiciones, todo lo que me ocurre es una bendición para mí, todo contribuye a mi crecimiento. Todo lo que viví, vivo y viviré le aporta a mi grandeza. Soy feliz como soy, con mi familia y mis amigos, con mi cuerpo, mi espíritu y mi alma. Ahora tengo una pasión: reconocer las cosas buenas que me rodean. Estoy satisfecho conmigo mismo, porque me hizo Dios y como buena obra, soy hermoso por dentro y por fuera. También estoy satisfecho con la familia que tengo, la cual valoro como lo máximo en mi vida.

Ahora soy imparable: me levanté, estoy arriba, de pie. He vuelto a nacer y volveré a subir al ring con más fuerzas, más ganas, más sueños y más deseos. Ahora sí verán al que verdaderamente soy, al gigante que vive para servir y colaborar, al amoroso, al que perdona, al soñador, al que ríe en compañía de sus sueños y en busca de sus metas.

Pienso en lo que quiero y sé que lo voy a tener, que lo voy a recibir. Sé que soy uno con la totalidad de la fuerza, el poder y la autoridad. Fui creado con toda la capacidad que necesita alguien para subir a lo más alto de la cima.

Todo lo que necesito ya está en este mundo. En la Tierra hay más comida de la que comeré, más dinero del que requiero para vivir bien, más gente de la que puedo llegar a conocer. Aquí hay de todo lo que necesito y quiero. Todo el mundo fue creado para mí, para usarlo, para tenerlo, para disfrutarlo, para conquistarlo y vivir bien en él, con paz y amor.

Dios me dio una mente única, inteligente, capaz de pensar bien y de escoger satisfactoriamente. Estoy seguro de mí mismo y de lo que hay para mí.

No pienso mal ni pierdo el tiempo en hechos malos. Tomo decisiones acertadas y con mi fe veo la vida de forma correcta y segura, con muchas posibilidades de crecimiento interior.

Digo que sí a las oportunidades que se me presentan y a la prosperidad. Digo sí a lo bueno, vivo en un mundo rodeado de lo mejor, formo parte de un mundo de bendecidos, estoy agradecido. Siento alegría y celebro porque soy único en el mundo. No hay nadie igual a mí. Hago las cosas por mí mismo, pensando que nadie lo hará por mí, que solo yo puedo hacerlo con trabajo duro. Aunque tengo muchas personas a mi alrededor, creo que cada una tiene su propia función. No me hieren las cosas que hacen los otros, pues estoy convencido de lo que yo debo hacer.

Dios me ha dado su sabiduría y me ha tenido en cuenta. Contó conmigo para traerme a su tierra y para que yo la administrará. Cuento con el respaldo del dueño del mundo. Doy las gracias a Dios cada que me levanto en la mañana. Veo mi familia y disfruto verla otra vez. De verdad, soy feliz cuando abrazo a los más cercanos y también a los que no me conocen, aunque me miren extrañados por este gesto de amor. Sigo abrazando, amando y ayudando.

Estoy rebosando de amor. Me emocionan la fuerza y el impulso que mi Creador me da. Amo a Dios con todo mi corazón.

Él puso todo para que yo lo disfrute aquí y ahora. Todo lo de ayer ya pasó. Solo el hoy está presente. Lloro de alegría y grito de felicidad porque soy una nueva persona. Lo siento en mi ser: estoy nuevo sano, limpio y puro para dar lo mejor de lo que tengo. ¡Qué satisfacción poder dar lo mejor y brindar la verdadera amistad, el verdadero amor, la sinceridad y la verdadera admiración por los que están cerca de mi!

Soy libre hoy y siempre lo seré. Mi pasado ya no me importa. Voy a cambiar y disfrutar mi futuro. Tengo la capacidad de hacerlo, tengo el don de la vida y la virtud que está dentro de mí.

No culpo a nadie de las frustraciones del pasado. Tuve que pasar por ese proceso. Lo que no me mató me fortaleció. Ahora estoy más fuerte que nunca. ¡Dios mío, gracias por las pruebas del pasado y por las personas que me hicieron crecer! Ahora estoy aquí pensando en lo grande. Por ejemplo, en que voy a viajar a ese sitio que siempre he querido conocer. Voy a tener lo que siempre he deseado tener y voy a disfrutar al máximo el tiempo que tengo por delante.

No hay pensamiento, no hay cosa que tenga poder sobre mí. Tengo el poder y lo administro; la cordura y el juicio me dirigen. Con este poder edificaré mi vida, mi familia, mis amigos y mi futuro.

Tengo la palabra correcta. Mis palabras dan vida, resucitan, sanan, alientan, restauran, fortalecen, levantan, consuelan y ayudan. Mis palabras son un excelente bálsamo de amor y paz. Mis palabras son las llaves que abren las puertas del mundo, del futuro, de mi familia, de los corazones, del progreso y de la prosperidad.

Mis palabras son poderosas profecías que se cumplen. Mis palabras son poder en mi interior. Mis palabras son cosas reales. Mis palabras se materializan cuando las pronuncio. Mis palabras son declaraciones certeras.

En mi mente solo pienso que soy independiente de todos los demás. Por esta razón, solo me importa lo que yo pienso. No me importa lo que piensan los demás. Ellos también son autónomos. Soy único y me uno a otros para conformar un equipo que se alimenta de diferentes pensamientos.

Respetando la individualidad

Si te sentiste bien con las anteriores declaraciones, te invito a que te apropies de las siguientes con poder. Ahora di:

Yo valgo mucho. No reprimiré más mis pensamientos, no guardaré rencor ni le haré daño a nadie, mucho menos a mi familia y a los que me aman. A nadie le haré daño. A los que herí los sanaré. Tendré el valor de restituir lo que quité, me propongo como meta levantar a quien dañé.

Me comprometo a estar revisando mi corazón para saber cómo estoy y a bendecir a las personas que estuvieron involucradas en cualquier situación difícil. Me libero por completo de las experiencias que tuve en el pasado. Emplearé los recuerdos únicamente para catapultarme: todo será aprendizaje que me empuje hacia adelante, todo será bendición.

Sigo el camino de la acción correcta porque el camino de la vida es corto, pero también largo, y todo lo que vivo será una completa felicidad.

Mi vida será un descanso continuo, no un trabajo interminable. Mi vida será solo una alegría. Disfruto lo que hago y aun lo que llaman trabajo para mí es un descanso, un ejercicio por mi salud. Mi labor no es una obligación, sino algo que me recrea. Trabajando me siento como si estuviera en un jardín.

Soy uno con mi familia: mis acciones son correctas y sigo lo correcto. En todo tiempo obró siguiendo el principio del Reino de los Cielos.

Escojo mis pensamientos y mis decisiones para que armonicen con Cristo. Mi estilo y calidad de vida demuestran lo que digo y lo que realmente soy. Mis frutos son buenos porque el árbol de donde vienen es bueno y toda su raíz es buena. Amo el bien y me amo, amo a mi familia y a todas las personas cercanas, amo servir y seguir avanzando como ejemplo de superación.

Ejemplos de buen razonamiento

Primero vamos a citar dos ejemplos de pensamiento irracional: "necesito amor y aprobación de todos los que me rodean" y "es horrible que las cosas no salgan como yo deseo".

Ahora fijémonos en cómo piensan los hombres que han triunfado gracias a sus buenos razonamientos. ¿Qué es un buen razonamiento? Es aquel que me ayuda a apreciar lo mejor de las personas y las circunstancias.

Por ejemplo, Steve Jobs, Mark Zuckerberg y el propio Bill Gates han contratado a sus colaboradores valorando más la experiencia y el talento que los títulos universitarios.

Desde su fundación, Bill Gates y su esposa Melinda Gates han tratado de animar a las empresas para que vinculen a las personas por sus habilidades y competencias, y no solo por los títulos académicos que puedan tener.

Los Gates piensan que muchas organizaciones se han privado de trabajadores talentosos y competentes por exigirles diplomas para contratarlos, puesto que acceder a una universidad no siempre es fácil en muchos países.

Lo que buscan con esta campaña es que todos tengan oportunidades de empleo y superación personal, y no solo que quienes han tenido el privilegio de realizar una o varias carreras y especializaciones universitarias sean empleados y obtengan los mejores salarios.

No hay que olvidar que el propio Bill Gates empezó a consolidarse como un gigante de la informática sin haber terminado sus estudios universitarios. Lo mismo ocurrió con Mark Zuckerberg, fundador de Facebook, y Steve Jobs, el fallecido cofundador de Apple.

Estos tres titanes de la tecnología no tuvieron la necesidad de terminar sus carreras para desarrollar sus grandes invenciones y sus emporios empresariales, porque sabían claramente cuáles eran sus metas y lo que necesitaban para concretarlas.

En otras palabras, tenían un don: poseían el talento y los conocimientos para sacar lo más valioso de quienes trabajaron con ellos y lo mejor de las circunstancias favorables o no tan favorables que se les presentaron en su camino hacia el triunfo.

Es por eso que te doy un consejo de oro: fíjate en tu don y en el de otras personas, porque en ello está el secreto. Y activa ese don a tu favor. Examínalo hasta que lo conozcas muy bien para que puedas desarrollarlo correctamente.

Sanando mis pensamientos

Continuamente hay algo que hago: observo cuidadosamente qué pensamientos me llegan a la mente para desaprender los que se repiten y me destruyen. Soy consciente del pensamiento que tengo ahora mismo: sé que estoy pensando bien, en amar y perdonar, y voy a alimentar ese pensamiento hasta que se convierta en mi deseo más fuerte, en mi anhelo dominante.

Me acepto a mí mismo, aceptó mi cuerpo como es, me miro al espejo y me digo: "Me amo y me acepto tal como soy". Observo cómo me siento interiormente. Identifico el centro de mi problema y reconozco que lo más importante es llegar a tener la capacidad de aceptarme a mí mismo y a todas las partes que me forman.

Acepto mis manos, mis pies, mi nariz, mi boca, mi altura y no solo mi cuerpo, sino también a mi familia y a las demás personas.

Tengo el control y la capacidad de interrumpir todo pensamiento contrario a lo bueno. Estoy evaluando a cada instante todas mis motivaciones. Descubro que mi pensamiento es ágil para avanzar y que hago bien las cosas.

Aplaudo mis buenas decisiones y celebro mis victorias internas. Puedo irme a tomar un café en paz y mientras tanto meditar en mis buenos pensamientos. Luego continuaré gozando los frutos de mi bondad y con mente tranquila empezaré a leer un libro como este. Comenzaré a reír mucho más, disfrutaré cada instante de mi vida y constantemente estaré preparando el próximo paso hacia el triunfo.

Es importante que celebres tus buenas decisiones y que seas consciente de sus resultados benéficos. Que tu próximo paso sea más firme que el anterior y más productivo. Piensa: estoy subiendo cada vez más alto en la escalera del éxito.

Hago de manera concienzuda mi trabajo diario y siempre con mente de ganador. Nunca perderé de vista mis pensamientos. Siempre los estoy revisando. Si me estoy saliendo del camino que me he trazado, reacciono de inmediato y ordeno mis ideas al instante para continuar mi marcha firme hacia la meta, asegurándome de que estoy sumando y multiplicando, de que estoy subiendo y no bajando.

Las facetas del campeón

Los campeones no llegan a ser lo que son por accidente. Sus logros son el resultado de mucho trabajo duro y de una dedicación inquebrantable. No importa si compiten en un deporte individual o por equipos. Todos los campeones se caracterizan por su voluntad de esforzarse más allá de los límites físicos y mentales hasta alcanzar la cima.

Todos somos campeones desde el vientre de nuestras madres y todos nacemos con dones que podemos desarrollar si trabajamos arduamente en ello. Ahí está la clave: en el trabajo. Si quieres ser campeón, debes trabajar con todas tus fuerzas y con admirable constancia para mostrar que eres diferente, que perteneces a una clase especial, que eres un competidor único.

Esfuerzo total, perseverancia y crecimiento a través del ejercicio diario: esas son las actitudes de todo ganador que traerá todos los títulos e innumerables victorias. Quien aplica todas sus fuerzas en mejorar y persevera diariamente nunca será un perdedor, siempre un ganador.

Un campeón sabe que siempre puede mejorar, que no importa lo bueno que se es en algún momento, porque siempre hay espacio para nuevos conocimientos, nuevos talentos y nuevos objetivos. Un campeón no se considera superior a su entrenador. Por el contrario, sigue oyendo los consejos de este último y de otros expertos. El campeón se destaca por ser humilde, sencillo, y por dejarse enseñar.

El campeón siempre busca superar su propia marca. Ante todo, quiere triunfar sobre sí mismo. Todos los días compara sus registros de ayer con los de hoy e intenta romperlos.

Un campeón nunca se relaja ni se descuida y siempre está muy pendiente de su rendimiento. Un campeón no se engaña a sí mismo, haciendo cosas a escondidas de sus preparadores, llevando una doble vida o poniéndose máscaras que oculten su verdadero yo.

Debo ser consciente de que mi vida de campeón depende de mi buena conducta cuando estoy solo y de la excelencia de los hábitos que practico en mi vida privada. ¡Cuidado con la doble moral! Porque un campeón cuida sus valores y su comportamiento, no se excede y tiene el control de sí mismo, pues sabe lo que quiere y no piensa dejarlo ir.

El campeón que ha entrenado duro, que ha triunfado con base en la disciplina y la perseverancia, sabe mejor que nadie cuál es el valor de todo lo que él tiene, porque lo ha conseguido con mucho esfuerzo y sacrificio, y no lo perderá por una pequeña locura.

Lo que marca la diferencia entre los campeones y las demás personas es lo que tienen en su mente y su corazón. Los grandes campeones se trazan metas muy claras, saben qué pasos dar para conseguirlas y tienen una estrategia rigurosamente diseñada para ser los mejores en sus deportes o en disciplinas diferentes.

Para los campeones el juego nunca se acaba. Los campeones pasan por diferentes situaciones. Lo que se ve en la televisión es solo una faceta de sus vidas y un solo lado de su éxito.

Los medios de comunicación solo muestran los logros de los campeones, pero no sus lágrimas, las dietas rigurosas, los cuidados que deben tener, sus largas jornadas de entrenamiento ni todo lo que deben sacrificar en sus vidas para cumplir sus objetivos. Solo los filman y fotografían cuando están en lo más alto del podio y de la fama.

Pero en su interior los campeones conocen el dolor corporal extremo, el desprecio de las multitudes que no los apoyan por ser de países o equipos diferentes, y lo que se siente renunciar a muchos placeres de la vida para conquistar la excelencia.

Los campeones entienden con claridad que el objetivo de su proceso es obtener los mejores resultados. Por eso, todos los días se preparan física y mentalmente para sobreponerse a cualquier problema o dificultad. También confían en que su dedicación y su perseverancia les ayudarán a superar los obstáculos en el camino al éxito.

Un campeón siempre está pensando en la próxima jugada. Y es que los campeones tienen grandes sueños. Toda hazaña comienza con un sueño y se lleva a cabo gracias a la pasión con que se persigue. Los grandes soñadores superan los obstáculos, avanzan en medio de los momentos difíciles y continúan marchando hacia resultados históricos. Pero el campeón no debe olvidar quién es y para dónde va. Recuerda que el campeón se distingue por su sencillez como persona, por su humildad como amigo, como un ser humano que ha trabajado muy duro para lograr cada victoria de sus palmarés.

Si quieres ser un campeón, vive y prepárate como tal. Perseguir tus sueños no te hace grande ni superior a los demás, sino que te obliga a servir, a ayudar y a entrenarte fuerte y constantemente.

Los sueños son los que nos hacen levantarnos cada día y tomar las decisiones correctas. El campeón quiere ser el mejor todos los días, mes a mes, año a año, siempre.

El cambio

Cambiar es dejar de hacer lo que no es correcto y empezar a hacer lo que sí es correcto. Es una mentalidad que te lleva a actuar, a realizar cosas nuevas que contribuyen en tu beneficio.

Te invito a aprender sobre liderazgo e innovación, y a crecer interior y profesionalmente. Así verás los resultados y las riquezas que deseas.

Convierte lo que quieres hacer en una profesión de fe. Piensa: lo voy a lograr, lucharé hasta el final, me deleitaré con los frutos del esfuerzo y del sacrificio, me graduaré con honores y me destacaré en todas mis labores.

Los cambios son supremamente necesarios para poder experimentar algo nuevo. Debemos tener muy clara la necesidad de ser distintos al resto y marcar la diferencia. Pero este cambio no lo vamos a hacer para llamar la atención, sino para acercarnos al modelo según el cual estamos deseando ser. El cambio fortalecerá la confianza en nosotros mismos. Es muy importante que cambiemos para señalarles el camino a las nuevas generaciones con nuestras nuevas formas de pensar y actuar.

Si quiero cambiar, debo pagar el precio de los cambios. Debo despreciar lo ordinario, liberarme del pasado y pensar que todo lo que fui e hice solo me dejó experiencias para sostenerme en el momento del éxito. No nos volverá a pasar lo mismo de antes. Soy diferente, ya cambié y cada día debo trabajar en algún cambio que me impulsará hacia arriba, hacia adelante.

Los cambios son para gente que no quiere ser del común, para aquellos que están inconformes, para los que quieren más de lo mejor: más sabiduría, más espiritualidad, más prosperidad.

Si se desean cambios verdaderos y originales, la concentración de quien quiere cambiar debe ser muy intensa para no perder de vista el objetivo, para que la voluntad de cambiar no sea solo una emoción momentánea, para que cada transformación lleve a un estado duradero y se manifieste en fortalezas individuales.

Comencemos a cambiar cosas pequeñas:

- ✓ Cumplamos nuestras promesas: si prometemos, hagamos.
- ✓ No hablemos a la ligera.
- ✓ Pensemos en otros, preocupémonos por los demás.
- ✓ Ayudemos y honremos a los que nos honran.
- ✓ Seamos buenas personas.
- ✓ Seamos solidarios y colaboradores.

Si le comentamos a alguien: "Voy a llamar a mi amigo Juan para conversar con él y saber cómo está", llámalo en cuanto puedas y salúdalo, porque será muy vergonzoso que después te pregunten por Juan y tengas que responder: "Qué pena, no he hablado con él". Así estás demostrando que no te interesan los demás.

Si quiero éxito y vivir una buena vida, debo ganarme el favor y la confianza de los demás. Esta es una de las metas más grandes que puedes proponerte: que los otros piensen en ti como en una persona bondadosa, generosa e interesada siempre en el bienestar de la gente. Eso es lo que más admiran y buscan las personas: un líder que predique con el ejemplo y que pueda rodearse de los más honrados y dedicados. El mundo está cansado de los que hablan del bien y obran mal.

Marquemos la diferencia de tal manera que sea notable a los ojos de todos. Esta será tu riqueza.

Hay muchos que están esperando nuestras buenas acciones para confirmar que pueden guardar sus riquezas en nuestras manos y que ahí estarán seguras, muchos que esperan de nosotros muestras de un carácter fuerte y honrado para saber que somos gente de confianza, personas respetadas.

Lo grande es para el grande. Cualquiera puede ser alto, pero pequeño por dentro. Otros son bajitos por fuera, pero muy grandes en su interior. Y la verdad es que tenemos que ser grandes por dentro. Yo mismo pongo la altura de mi interior y el nivel de mi personalidad cuando trabajo y juego honradamente, sin trampas y sin complejos de pobre ni soberbia de hombre rico.

Cuidado, porque el pobre puede llegar a ser muy rico, si se lo propone, y el rico también puede ser todavía más rico, si así lo ambiciona. Todo esto tiene que ver con mi hombre interior. Si mi corazón está bien formado y mis principios bien definidos lograré las cosas más grandes en la vida.

Tengamos cuidado de no cansarnos ni dejarnos agotar por el sistema. Por eso, seamos vigilantes de nuestros pensamientos y comportamientos para que nada malo nos gobierne ni nos estanque.

El estancamiento solo te lo puedes atribuir a ti mismo. A nadie más. Tú y yo tenemos que ser un río que fluya continuamente sobre una pendiente bien inclinada. Nadie puede detener nuestra corriente. Debemos seguir adelante, siempre adelante, con la fuerza de esas aguas que siguen corriendo, imparables, hacia su destino.

'Cambio' es una de las palabras más pronunciadas en la actualidad, pero hay que pasar del dicho al hecho.

Atiende a cada uno de tus pasos cuando camines:

- ✓ Piensa: "Hoy soy lo que seré mañana".
- ✓ Caminaré mañana sobre la alfombra que hoy tendí.

Paz y perdón

En el amor hay tranquilidad y salud. El amor es la senda hacia la plenitud de vida que cada uno de nosotros busca en su interior. Por eso, la búsqueda de la paz te lleva a amarte. Perdónate y perdona, acéptate y acepta, reconócete y reconoce. Si aprendes a vivir contigo mismo, aprenderás a vivir con los demás.

Vivir la vida puede ser fácil, si cuentas con el apoyo principal de tus propios pensamientos que fortalezcan a tu ser interior. Enseñémonos a buscar y conservar la paz en todo tiempo, y así veremos siempre cosas buenas.

Esta es la fórmula de la paz: perdón, reconciliación y un nuevo comienzo. La paz depende de tus más sencillas decisiones personales. Tenemos poder para decidir por nuestro bien.

¿Quieres alcanzar la paz y llenarte de tranquilidad? Lee estos consejos:

- ✓ Despreocúpate.
- ✓ Deja de buscar a alguien igual a ti.
- ✓ No trates de entender totalmente los acontecimientos. Vívelos.
- ✓ Busca la paz: siempre la hallarás en tu interior.
- ✓ Olvídate de lo que piensan los demás de ti, pues nunca les vamos a gustar a todos por igual.
- ✓ Procura mejorar tus defectos.

- ✓ Perfecciona lo que estás haciendo bien.
- ✓ No te conformes con tu estado actual.
- ✓ Sigue trabajando por cualidades más poderosas y metas más grandes, y el descubrimiento de tus riquezas interiores.
- ✓ No busques frutos fuera de la raíz. La raíz bien cuidada producirá los mejores frutos a su tiempo.
- ✓ Mira siempre hacia dentro, no hacia fuera.
- ✓ Vive en calma, aunque no te entiendas y no logres entender a los demás.
- ✓ Lo que no entiendes ahora lo entenderás después, en el caminar diario. Por ahora, camina hacia delante: es lo mejor.
- ✓ Ayudar a alguien que no te cae bien es buscar la paz.
- ✓ Bendecir a alguien que te enseño algo en la vida: eso es hacer la paz.
- ✓ Honra a tu padre y madre.
- ✓ Honra a tus mentores e instructores, a todos los que aportaron para tu crecimiento y desarrollo: eso es la paz.
- ✓ Paz es pensar y hacer el bien a los demás.

- ✓ Eres único. No hay nadie como tú.
- ✓ Todo ser humano es diferente. Somos únicos.
- ✓ Los demás también son únicos y tienen una posición y una mentalidad diferente.
- ✓ Entiende a los demás como personas únicas y así todo será diferente, todo cambiará.
- ✓ Forma en todo lugar ambientes de paz y armonía.
- ✓ Sé gestor de paz en tu hogar, en tu trabajo y en tu escuela o universidad. Brinda paz a tus colegas y compañeros de estudio. Conviértete en líder de paz.
- ✓ Que todo lugar donde estés se transforme en un ambiente de amor, paz y alegría.
- ✓ La paz se establece en el respeto a la diversidad.
- ✓ La paz se establece en el respeto a la libre expresión.
- ✓ La paz se establece en la amabilidad y el respeto hacia cada persona, en la sencillez y madurez del espíritu.

- ✓ Todos necesitamos un ambiente de paz, todos debemos tratar a los demás con amabilidad y generosidad.
- ✓ La mayoría de personas reaccionamos bien a todo gesto amable o formal.
- ✓ Desarmémonos de toda agresividad y no miremos mal a los que opinan diferente.
- ✓ Estimemos y respetemos los conceptos diversos. Ayudemos a consolidar y direccionar todos los pensamientos hacia el rumbo correcto.
- ✓ La generosidad es esencial para sentir la paz y darla al mundo.
- ✓ Dando es que se recibe. Realmente, la generosidad es esencial para propiciar cambios genuinos en nuestra sociedad, tan necesitada de amor y paz.
- ✓ Es imposible hablar de paz y de transformación conservando un pensamiento mezquino y avaro que no se ejercita en el dar.
- ✓ Generosidad es igual a dar. Jesús dijo: "Dad y se os dará, porque con la medida que medís se os medirá".

- ✓ La paz se establece con el pacto de dar para recibir.
- ✓ La paz es un trueque: doy algo que necesito y la tierra me dará, multiplicado, algo que yo estaba buscando.
- ✓ Dar es el acto que transforma toda tierra estéril en fértil. Si plantamos en la tierra más oscura una semilla de generosidad, ella nos entregará los frutos más dulces.
- ✓ La tierra no producirá nada, al menos que se siembre en ella una semilla. Según la semilla, así será la cosecha.

¿Por qué son importantes todos estos puntos? Porque es necesario reiterar lo que dice la Biblia: *"Dad, y se os dará; medida buena, apretada, remecida y rebosando darán en vuestro regazo; porque con la misma medida con que medís, os volverán a medir"* Lucas 6:38.

Esas cosechas pasadas que salieron agrias y escasas, esas experiencias negativas del pasado, todo eso que nos hizo sufrir y llorar no lo podemos cambiar. Debemos ser conscientes de que el pasado, por duro, cruel o feo que haya sido, no se podrá cambiar jamás. Podemos superar el pasado, pero nunca cambiarlo. Aunque es imposible cambiar el pasado, puedes estar seguro de que sí puedes cambiar tu presente y construir un futuro mejor.

La mejor forma de cambiar tu vida es empezar a cambiar tu presente y comenzar a forjar tu mañana. Todas nuestras acciones se convierten en semillas que producen cosechas.

Tenemos que asegurarnos de que en el presente todo lo que hagamos y digamos sea excelente. Así podremos ver los mejores resultados en el futuro. Recuerda que sembramos hoy y recogemos mañana. Si se siembra en abundancia, se recoge en abundancia.

Como servidor en el área de transformación social y guía de emprendimiento, me di cuenta de que la única manera de transformar un ambiente, sin importar cuán azotado y desolado esté, es dispersando en él semillas de fe, amor y generosidad. La semilla que se siembra se cosecha después. Es un proceso natural que funciona en el campo, pero también en el cielo, en tu hogar, tu colegio, tu universidad y en tu empresa. En todas partes.

Dar es una acción que cambia la ley de la pobreza y la escasez, la ley de la miseria, el hambre, el dolor y la soledad, y que transforma los hogares que están a punto de separarse.

La ley de la reciprocidad es universal y funciona en todo lugar y en todo momento. El que no tiene nada comenzará a tener cuando empiece a dar. Aprovecha el tiempo. Comienza a dar.

Caminemos un día a la vez, poco a poco, como dice la Biblia: "*¡Una y otra vez nos repite todo, línea por línea, renglón por renglón, un poco aquí y un poco allá!*" Isaías 28:10.

Vamos escribiendo toda la historia de nuestra vida línea tras línea, renglón tras renglón, poco a poco. Hagamos las cosas bien hechas y tomémonos el tiempo para asegurarnos de que las estamos haciendo bien.

Todos nuestros movimientos saldrán bien, si los pensamos y organizamos bien. El problema es no meditar nuestras decisiones, no consultar sobre su conveniencia y llevarlas a cabo con excesiva lentitud.

El conductor del vehículo es el que tiene el control del freno, el acelerador y los cambios. Así mismo nos sucede a nosotros: podemos cambiar la velocidad y hacer los movimientos necesarios como conductores de nuestro propio vehículo.

Cuando no estoy seguro de para dónde voy, debo bajar la velocidad e inclusive detenerme, y pensar, meditar hasta recordar la dirección exacta hacia la que estoy conduciendo y la ruta que me llevará a ella. Y así es para todo en la vida.

Pensemos, reflexionemos, sintamos lo que estamos haciendo, tengamos conciencia, seamos realistas frente a lo que estamos construyendo y cómo lo estamos construyendo, no tiremos semillas a la loca, sin observar nuestras acciones. Si obramos inconscientemente, cosecharemos sorpresas nada agradables, sufriremos consecuencias inesperadas e infelices de actos que no recordábamos.

Asociémonos con los correctos

José se asoció con Dios cuando llegó a la cárcel, luego de que lo juzgaran y condenaran injustamente. La cárcel representa encierros emocionales, problemas, persecuciones, miedos, depresiones, temores, adicciones, deudas, falta de oportunidades y estancamiento general. Por eso, es en la cárcel emocional donde más debes asociarte con Dios y con los correctos, de tal forma que encuentres la salida por medio de la amistad, la confianza, la lealtad y el trato serio y sincero con los demás.

José fue puesto donde estaban los presos del rey, pero Dios estaba con José, le extendió su misericordia y le dio gracia ante los ojos del jefe de la cárcel. En la cárcel, José no bajó la guardia, no dejó que su ánimo decayera ni se aisló para refugiarse en un rincón de su celda.

En cambio, tuvo desde el principio una actitud de hombre ganador y la mentalidad que todo gigante debe tener. Es necesario que conservemos esa forma de pensar en cualquier circunstancia y espacio, pues son las pruebas más desafiantes las que miden nuestra fe y nuestro carácter.

José tuvo la capacidad de ganarse la confianza del jefe de la cárcel. Para relacionarse con él, dejó a un lado la desconfianza y los complejos de superioridad e inferioridad.

La mejor forma de socializar, de poder asociarnos con los demás, se encuentra por medio de la humildad y el servicio. Para poder reinar, el rey debe primero aprender a servir.

José cuidó de todos los presos y les sirvió de corazón. Todo lo que ellos necesitaban hacer en la cárcel, José lo hacía. Esto de ser voluntarioso es indispensable para tratar y asociarse con personas inteligentes y valiosas. Lo dice un refrán: "El acomedido come de lo que hay escondido".

Hay que ganarse la confianza de las personas con quien deseamos relacionarnos.

El jefe de la cárcel no necesitaba atender cosa alguna, porque José estaba atento de todo. José era excelente en fe, en pensamiento y en acción. Por eso, lo bueno estaba con José y todo lo que José realizaba Dios lo hacía prosperar.

Tenemos que ser buenos amigos, buenos competidores y servidores honestos que generemos confianza y garantías para nuestras nuevas relaciones y asociaciones. Ganemos amigos, fortalezcamos las relaciones e influyamos en los demás: esas son las tres claves que nos harán crecer y alcanzar nuestros objetivos.

¿Cómo hacer amigos?

Ten en cuenta esta lista a la hora de hacer amigos:

- ✓ Con el amor.
- ✓ Con la sinceridad.
- ✓ Con el servicio.
- ✓ Con el respeto.
- ✓ Con el buen trato.
- ✓ Con la paciencia.
- ✓ Con saber escuchar.
- ✓ Con saber entender al otro.
- ✓ Con saber hablarles a los demás.
- ✓ Con aprecio por cada persona.
- ✓ Con deseos de hacer bien al otro.
- ✓ Con humildad y sencillez.

La verdadera paz se alcanza acercándose a los demás con amor y frescura, con la sola idea de hacer amigos. Aquellos a quienes llamamos amigos son una riqueza que debemos agradecer y valorar todos los días. Ellos son los compañeros que nos ayudarán a lograr nuestra visión.

Cómo hacer amigos con visión de conquista

El propósito de este libro es ser de bendición. No estoy escribiendo solo por escribir y no quiero adormecer ni aburrir con estas letras. Deseo que, cuando termines de leer estas páginas, tu vida ascienda un poco más, espiritual, mental y emocionalmente. Déjame agradecerte por sacar el tiempo para leerme. Tus comentarios me servirán para mejorar como escritor y como persona.

Cada uno de nosotros puede aprender a tratar con personas de todas las condiciones. A eso es a lo que debemos apuntar: a relacionarnos bondadosamente con el que tiene y con el que no tiene, a eliminar en nosotros mismos cualquier pensamiento y conducta de discriminación racial y social. Tenemos que invertir mejor el tiempo y concentrarnos con todas nuestras fuerzas para avanzar en ese aprendizaje.

Tratar con la gente es un arte que debemos perfeccionar. Es preciso que comprendas a todos los seres humanos, que inicies la escuela de la vida que te lleva a entender y aplaudir sinceramente al prójimo, a dejar de reclamarle sin justicia, a cesar las críticas, incluso aquellas que llamas "constructivas". Construye, pero no critiques. Comprende a los otros como a ti te gustaría que ellos te comprendieran.

Tratar con la gente es el mayor reto que enfrentamos, con cualquier tipo de persona.

Uno de los desafíos fundamentales de las empresas, tanto en las grandes compañías como los pequeños negocios, es el de encontrar líderes y trabajadores que sepan ganarse el cariño y el aprecio de compañeros y clientes. El éxito de todo lo que emprendemos depende de nuestra habilidad para tratar a los demás y de la manera en que nuestra personalidad nos facilita relacionarnos con la gente.

Es muy probable que triunfe quien posee conocimientos profesionales y la habilidad de expresar lo que piensa para animar a los demás, y es muy seguro que le vaya mejor en la vida que los que ignoran esos conocimientos y la importancia de saber tratar a los demás.

Los colegios y universidades deberían dictar cursos especiales sobre cómo relacionarse en sociedad con diferentes tipos de personas. Así estarían equipando a sus estudiantes con más herramientas para obtener el éxito. No solo deberíamos graduarnos y especializarnos en una o varias profesiones, sino que deberíamos estudiar toda la vida el arte de tratar a los demás como nosotros mismos queremos ser tratados.

Formas de mostrar el amor por la familia

Es necesario que le digas constantemente a tu familia que la amas y que le demuestres la existencia de ese amor con todas tus acciones. El amor, cuando es real, se manifiesta en todo el tiempo.

Expresa el amor en voz alta, de tal manera que te oigan todos, porque el amor es para valientes. Conquistar cada día al prójimo que habita bajo tu mismo techo es un desafío enorme. Diles a todos los miembros de tu familia cuánto los amas. Grita con amor hasta acallar la rabia. Silencia la ira. Solo tienes que lanzarte a hacerlo y te darás cuenta de los hermosos efectos de esa declaración valiente. Vence el orgullo y la timidez, y habla. Decir y oír las palabras "te amo" tiene infinitamente más poder que solo pronunciarlas y escucharlas con el deseo y la imaginación.

No pienses que hablar de amor está reservado solo para quienes están casados o son novios. Los gestos de amor no se inspiran exclusivamente en sentimientos románticos, sino que son expresiones de vida y poder. Amémonos los unos a los otros, porque el amor es bueno. Todo aquel que ama ha conocido el bien.

Hay infinidad de razones por las cuales decirles "te amo" a todos tus familiares y amigos. Revélales tu amor con palabras, abrazos, besos y regalos frecuentes. Si tu amor es sincero y evidente para ellos, los tendrás siempre a tu lado. Podrás comprobar por ti mismo los innumerables beneficios que trae decirles que los amas con todas tus fuerzas. Dilo, obra con inmenso amor hacia ellos todos los días y verás cuánta satisfacción, cuánta felicidad y cuánta paz colmarán tu alma.

Según estudios científicos, expresar el amor con palabras bien intencionadas y gestos físicos aporta sanidad en todas las dimensiones humanas: contribuye a la salud emocional, el cerebro funciona mejor, las hormonas se estabilizan, hay felicidad, tranquilidad, seguridad, confianza, crecimiento, buen humor, reducción del riesgo de enfermarse y un desarrollo óptimo en todo sentido.

La expresión del amor a través de la palabra y los detalles garantiza estabilidad, seguridad en sí mismo y en los demás, y una proyección positiva hacia el futuro. La depresión y la baja autoestima se contrarrestan con palabras de amor bien intencionadas. Las buenas expresiones de amor nos producen confianza en el yo interior.

Los conflictos en el hogar y el estrés se superan cuando sabemos que somos amados y, aún más, cuando escuchamos un "te amo" directamente de los labios de quienes amamos. Los problemas se solucionan y la existencia se torna más bella gracias al amor que sabe expresarse. Por esta razón, vemos más bonitas a las personas enamoradas y también nos ven más hermosos cuando actuamos como enamorados.

El amor es una maravillosa expresión transformadora y una fuente de inspiración para trascender las fronteras y conquistar el futuro. Ama y comparte tu amor con tus hijos, padres, hermanos, amigos y también a los de la calle, a un mendigo, a un anciano.

Pasos para fortalecer el carácter

¿Quieres saber cómo formar un carácter sólido?

Primero definamos qué es el carácter. De acuerdo con el Diccionario Oxford, esta palabra describe un conjunto de rasgos, cualidades o circunstancias que indican la naturaleza propia de una cosa o la manera de pensar y actuar de una persona.

El carácter es lo que nos distingue de las demás personas, lo que revela nuestra naturaleza y formación y lo que muestra realmente quiénes somos. Los problemas del hombre son causados por el mal carácter y sus éxitos son facilitados por el buen carácter. Una persona de mal carácter verá alejarse a su familia y amigos, y su empresa desaparecerá, si no se empeña en forjar pronto un buen carácter y un estilo agradable en su trato con los otros.

La plenitud espiritual, económica y social de la vida dependen de nuestro carácter. Como líderes y emprendedores, el carácter es el que define quiénes somos en realidad.

Ya leímos que el carácter es el conjunto de cualidades o rasgos que nos distinguen de los demás. Sin embargo, también podemos decir correctamente que alguien "tiene mucho carácter" si esa persona cumple todo lo que se propone como meta, conserva siempre una mentalidad de superación y nos enseña un temperamento muy fuerte cuando algo le parece injusto o equivocado, pero domina sus emociones, actúa con serenidad y siempre trata de conservar una buena relación con todos y de darles ánimo, incluso a aquellos con los que no está de acuerdo.

Por lo tanto, podemos afirmar que el carácter es una sumatoria de atributos como la integridad, la templanza, la honestidad y la lealtad, entre otros, que definen a un ser humano.

Al que tiene un buen carácter se le reconoce por su forma de reaccionar ante la adversidad.

Si queremos que la felicidad sea real en nuestras vidas y en las de nuestros familiares, compañeros de trabajo y en el mundo entero, debemos ser muy conscientes del tipo de carácter que poseemos. Tenemos que preguntarnos cada día cómo nos estamos comportando y cómo nuestra conducta está demostrando quiénes somos de verdad.

Ante todo, no le echemos leña al fuego de las polémicas y las intrigas. Más bien, que nuestro carácter sirva para extinguir las llamas, que sea como una lluvia de concordia y bendiciones.

Hay que aprender a vivir, hay que aprovechar la existencia como lo que es: una maravillosa oportunidad que Dios nos ha dado.

Sobre el carácter puedo contar muchas historias, pero hay una que me conmueve especialmente. Un hombre se encontraba trabajando en su oficina, bastante tensionado, cuando el techo de su casa se desplomó durante una tempestad. Esa situación atormentó a su esposa y a sus hijos, que se preguntaban cuán frustrado iba a sentirse él al ver ese desastre en su hogar. El hombre terminó de trabajar, se dirigió a su casa y encontró en la puerta a su mujer y a sus hijos, que lloraban desconsolados. Él miró el techo derrumbado con resignación y abrazó a su familia, consoló a todos, les secó las lágrimas y les dijo que fueran a comprar pan y chocolate para comer. Todos se sentaron tranquilos en la mesa y disfrutaron de esa humilde comida como si nada hubiera ocurrido. "Lo importante es que no les pasó nada malo y todos están bien. Ya veremos cómo reparar el techo y los otros daños" les explicó el hombre, con una voz que trasmitía seguridad, calma y amor.

Esta historia es un ejemplo fabuloso de lo importante que es desarrollar un buen carácter para que nuestros seres queridos nos amen por la sabiduría y la paz que les brindamos, y para que nuestra fe y nuestro ánimo no dependan de las circunstancias.

Ser dueño de un buen carácter es el logro más importante que podemos proponernos. Un carácter bueno, es decir, noble y fuerte, nos permite controlar nuestros instintos y pasiones sin amargura ni rabia, y liberarnos de todo prejuicio que nos impida interesarnos genuinamente en el prójimo.

Erigir en ti mismo un carácter firme es esencial para que tu autoestima sea buena. La consecuencia de tener un carácter admirable es quererte a ti mismo y a los demás, y aprender a perdonarte y perdonar. Es llorar, pero de la risa. Es tener lágrimas de victoria.

¿Quieres tomar decisiones valientes? ¿Quieres hacer lo que has anhelado? ¿Quieres romper las cadenas del miedo y del dolor? ¿Quieres sentirte en control de muchas situaciones y no a merced del azar? ¡Fortalece tu carácter! ¡Define ese conjunto de cualidades que te llevarán a realizar todo lo que anhelas!

No hay nada más grande y poderoso que el carácter. ¡Nada! Ni armaduras, ni espadas, ni gritos, ni palabras hirientes te darán la fortaleza y la capacidad de liderar a los demás como un buen carácter.

La Biblia dice, en Proverbios 16:32: *"Mejor es ser paciente que poderoso; más vale tener control propio que conquistar una ciudad"*. El buen carácter es fundamental para gobernarte a ti mismo, porque con él puedes apaciguar los impulsos carnales que te hacen explotar de ira y soberbia y agraviar fácilmente. Un carácter fortalecido te sirve para que te reconozcas y te des tu lugar en el mundo, como el emprendedor y conquistador que eres, y respetes el mundo de las demás personas.

Lo peor que podemos hacer es humillar a otros para vanagloriarnos. Ello solo revelará la pobreza del hombre interior y la mentalidad tan inútil que tiene.

La pobreza en el mundo

En este preciso instante, miles de millones de personas en el mundo se están acostando con hambre y sed. Están enfermas y no tienen agua potable ni medicamentos. Los hospitales y centros de salud están muy lejos de donde viven. Muchas están desempleadas y no pueden conseguir trabajo, porque nunca pudieron terminar sus estudios básicos. Sus hijos tampoco han tenido oportunidades tan claras, porque en la pobreza se encuentra mucho dolor, sufrimiento y desprecio.

Podemos debatir a perpetuidad las causas de la pobreza buscando sus orígenes históricos en el colonialismo, culpando a los líderes políticos que desdeñan a la gente humilde, a las empresas que despiden a miles de trabajadores y dejan a sus familias sin sustento, a los grandes emporios que arrasan con las materias primas de los países en vías de desarrollo y pagan salarios de hambre a la mano de obra local.

Todo eso es cierto, pero lo importante es saber qué podemos hacer para transformar el mundo con nuestra fe, nuestros pensamientos de superación permanente, nuestras expresiones de amor y generosidad, y nuestro carácter fuerte y bondadoso.

Más importante aún es realizar esas acciones transformadoras. Ayudamos a los demás a salir de la pobreza cuando los redimimos en mente y espíritu, cuando nos volvemos una fuente de bendiciones no solo para nuestra familia, sino para todos los que nos rodean.

En mi caso, puedo contarte muchas experiencias de transformación social. La posibilidad de generar cambios positivos en las formas de vida materiales y espirituales de las personas es lo que me ha motivado a escribir este libro, pues estoy seguro de que millones de seres humanos desean en sí mismos y en los demás una transformación tripartita —espíritu, mente y cuerpo—. Tengo claro que fuimos levantados para que ayudemos a poner en pie a personas que están caídas y para que orientemos a los que andan sin dirección. Ahora conocemos el amor y la felicidad porque alguien se tomó su tiempo y empleó sus conocimientos para dirigirnos hasta este punto.

De acuerdo con mi experiencia, estas son las causas más importantes de la pobreza:

1. La falta de compromiso personal con los menos favorecidos.
2. Buscar la autorrealización concentrándose únicamente en el beneficio propio y el crecimiento del yo.
3. Confiar ciegamente en que otros siempre nos van a dar lo que necesitamos. Esa confianza

hace caer en una pasividad que genera más pobreza.

4. Trabajar solo para ser admirado por la cuenta bancaria y el poder, por puro deleite egocéntrico y despótico.
5. La distribución inequitativa de la riqueza: pagar salarios de hambre mientras se gana una fortuna.
6. La cantidad excesiva de impuestos y aranceles de los gobiernos, que en nada ayudan a las comunidades y, por el contrario, las asfixian y destruyen.
7. Que los líderes políticos y líderes sociales no piensen como padres, hijos y hermanos.
8. Que esos mismos líderes no oren para tener mente y corazón justos, y pensar verdaderamente en el progreso de sus compatriotas y la paz de sus naciones.
9. Que nosotros mismos no pensemos como padres, hijos y hermanos cuando vemos los problemas sociales y económicos de nuestras ciudades y países.
10. Que no nos sintamos todos como una gran familia.

Pensemos en todos los demás, desde nuestros gobernantes hasta los más necesitados, como si fueran nuestros padres, hijos y hermanos, y sintámonos como una gran familia para que nos ayudemos mutuamente. Trabajemos en beneficio de los otros. La recompensa de esa labor será mucho mayor que si solo nos esforzamos por vanidad y codicia.

La indiferencia

La indiferencia es sinónimo de apatía, desinterés, desgano, desprecio, insensibilidad, frialdad. Es lo que nos está destruyendo, porque a muchos no les importa pisotear a los demás en la búsqueda de un beneficio exclusivamente propio. Abundan las personas que no miden las consecuencias de su incapacidad de pensar en el otro.

La pobreza, el dolor y todos los fenómenos que percibimos como negativos en el universo son causados por alejarse del bien y por la indiferencia. Esta última consiste en decir: "me olvido de los demás, no me interesa la penuria ajena, ¿y qué si otros sufren y tienen necesidades? No me importa nada ni nadie". El indiferente llega al extremo de ser insensible con su propia familia. Si alguien cierra los ojos y no oye los clamores y el llanto de sus familiares, puedes imaginarte qué poco valor le dará a la vida de todos los seres humanos.

La indiferencia es un estado en el que no se siente alegría ni rechazo por las circunstancias favorables o penosas en las que uno u otras personas viven. Es una forma de ser que impide amar al prójimo o llamarle la atención cuando creamos que sus acciones no son justas hacia nosotros y los demás. También puede definirse como una falta de voluntad para comprender al otro y servirle.

Dios nos formó con sensibilidad para que contemplemos la humanidad como una gran familia, cuidemos de los demás como si fueran nuestros padres, hermanos e hijos y los protejamos y entrenemos de tal forma que no sucumban a las adversidades, sino que las superen.

A veces somos indiferentes porque pensamos que las acciones realizadas en beneficio de otros no nos favorecen a nosotros mismos. Recordemos siempre que la vida nos devolverá, multiplicando todo aquello que damos desinteresadamente.

Debemos involucrarnos en la transformación social dondequiera que estemos. Empecemos en nuestros hogares. Abandonemos cualquier tipo de indiferencia ante las limitaciones materiales y las dolencias espirituales de nuestra familia. Participemos con amor y humildad en los asuntos de nuestros familiares, vecinos y compatriotas. Ayudémoslos a prosperar y a afrontar los problemas.

La indiferencia también es un espíritu sombrío que suele poseer a quienes han quedado heridos por una tragedia, abandono o desengaño. Estas personas lastimadas anidan un resentimiento que les dificulta volver a amar e interesarse por el otro. Quienes padecen esa enfermedad mental son gente dura de corazón que ni siquiera sienten la vida.

La indiferencia es un problema espiritual, psicológico y social, que es real. Alguien puede llegar a ser tan insensible, y sus emociones pueden llegar a ser tan frías, que no le interese en absoluto preguntarse por qué en la calle hay tantas personas con hambre, enfermas, sin techo, a merced del calor y la lluvia. El indiferente no dedica un segundo de su vida a orar por los niños, los ancianos, las mujeres embarazadas y los discapacitados que deben mendigar para sobrevivir cada día. Mucho menos, consagra un minuto de su vida para reflexionar sobre su aporte personal en la lucha contra la miseria, la violencia y el desaliento.

Formamos parte de una comunidad humana y por ello es indispensable que seamos sensibles en todo momento. No esperemos que los demás tengan empatía hacia nosotros. Ocupémonos en ejercer la solidaridad, acudiendo de inmediato al llamado de quien nos pide ayuda. Estemos siempre alerta para detectar que el prójimo necesita de nuestra colaboración, aunque no quiera pedírnosla.

Seamos espontáneos y distingámonos por ser los primeros en tomar la iniciativa. Practiquemos el verdadero liderazgo, ese que consiste en desarrollar el ser a través del hacer. No pensemos en mandar y controlar a los demás, sino en orientarlos hacia su propio crecimiento espiritual, personal y profesional.

Algunos creen que la indiferencia es símbolo de fortaleza. "Soy tan fuerte de mente y corazón que nada me conmueve", piensan. ¡Qué equivocados están! No comprenden que su apatía es solo un mecanismo de defensa.

En realidad, son personas tan frágiles y débiles que han levantado un muro de hielo para evitar que otros los utilicen y maltraten emocionalmente. En el fondo, quienes aparentan ser muy fríos y distantes anhelan silenciosa y desesperadamente que otros los comprendan y amen de verdad, darían todo por amistades y relaciones sentimentales desinteresadas, sueñan con poder entregar su corazón y librarse del temor a que los defrauden.

Esta actitud se convierte en un círculo vicioso. El hombre que se muestra indiferente y soberbio por miedo a los demás solo atrae a personas arrogantes que nuevamente lo decepcionarán.

Recordemos que los semejantes se atraen entre sí. Si me muestro indolente y altivo porque me falta valor para decirles a los demás: "¿Sabes? Me siento mal. ¿Puedo contarte lo que me ocurre?"

o "te necesito", atraeré a quienes son prisioneros de temores similares. Me encontraré en el camino con gente que finge desinterés por mis problemas, que se preocupa únicamente por sus asuntos y no cree en la solidaridad. Entonces, el problema de mi desconfianza no se solucionará, sino que se agravará.

La solución es reconocer que la indiferencia es un defecto, no una cualidad; una debilidad, no una señal de fortaleza; una barrera para mi autorrealización, no una base sólida para mi crecimiento. Si quieres prosperar, muchas veces deberás aceptar la ayuda de los demás, no solo de tu familia. Un extraño te puede salvar la vida. Un compañero de trabajo que no conozcas muy bien puede recomendarte para otro trabajo, porque admira tu dedicación y conocimientos.

Pero, es imposible que otros te tiendan una mano, si nunca estás dispuesto a tenderles la tuya. ¿Cómo quieres que los demás se interesen por tus problemas y te colaboren para resolverlos, si cierras los ojos del alma a las necesidades y los dolores de quienes te puedan ayudar mañana?

Si eres sensible, serás solidario. Si eres solidario, recibirás la solidaridad de Dios y del prójimo. Si sientes como propios el hambre y el frío ajenos, alimentarás y darás calor a otras personas. Si brindas alimento y abrigo materiales y espirituales, ten por seguro que la vida nunca permitirá que duermas sin cenar y sin abrigo.

Frases sobre la indiferencia

"Ve a este pueblo, y diles: 'De **oído oiréis**,
y no entenderéis; y **viendo veréis,** y no percibiréis;
porque el corazón de este pueblo se ha engrosado, y
con los oídos oyeron pesadamente, y sus ojos han cerrado,
para que no vean con los ojos, y oigan con los oídos, y
entiendan de corazón, **y se conviertan**,
y yo los sane'".

Hechos 28:26-27.

"**El peor pecado** hacia nuestros semejantes no es odiarlos,
sino tratarlos con **indiferencia**: esa es la esencia
de la inhumanidad".

George Bernard Shaw.

"**Lo contrario** del **amor** no es odio, es la **indiferencia**.
Lo contrario de la **belleza** no es la fealdad,
es la **indiferencia**. Lo contrario de la **fe** no es herejía,
es la **indiferencia**. Y lo contrario de la **vida**
no es la muerte, sino la **indiferencia** entre la vida y la muerte".

Elie Wiesel.

"El cómplice de la **corrupción** es, a menudo, nuestra **propia indiferencia**".

Bess Myerson.

"En el fondo de la **enemistad** entre dos extraños yace la **indiferencia**".

Soren Kierkegaard.

"**¿A quién hablaré** y amonestaré, para que **oigan?** He aquí que sus oídos son incircuncisos, y no pueden escuchar; he aquí que la **palabra de Jehová** les es cosa **vergonzosa**, no la aman".

Jeremías 6:10, RVR 1960.

"**El desprecio y el odio** se curan con **amor**;
la soberbia y la envidia, con **humildad**;
la desesperación y la tristeza, con **esperanza**.
¿Pero con qué se cura la incapacidad de sentir?".

Anónimo.

"La **apatía** es el mecanismo de defensa de los **débiles**".

Letty Pogrebin.

"Lo único que el **mal** necesita para **triunfar** es que **los hombres no hagan nada**".

Edmund Burke.

Manos a la obra

¡A trabajar se dijo, porque este es nuestro tiempo, nuestra oportunidad!

Quiero poner como ejemplo de visión, esfuerzo y trabajo duro a Nehemías, personaje de la Historia Sagrada que emprendió con todo éxito la restauración de las murallas de Jerusalén. El de Nehemías debería ser el libro bíblico más leído por empresarios establecidos y emergentes, al igual que por médicos, odontólogos, ingenieros, arquitectos, trabajadores en el sector de la construcción, amas de casa y, lógicamente, por líderes emprendedores.

Los propósitos más grandes solo pueden llevarse a cabo con determinación y esfuerzo igualmente grandes. Quien tenga buenos pensamientos y sienta el ardiente deseo de construir, puede levantar todo lo que haya quedado en cenizas y recuperar lo perdido.

Como Nehemías es un libro de la Biblia, me gustaría elevar una oración al cielo antes de citar varios fragmentos:

Dios amoroso y sabio:

En el nombre de Cristo, te pido que me des sabiduría y fuerza. Ayúdame a erigir las grandes obras que me he propuesto. Ilumina los dones y habilidades que guardaste en mi ser para que yo pueda reconstruir lo que ha sido declarado pérdida total. Esa reconstrucción será un maravilloso monumento a tu grandeza, Oh Padre Nuestro, pues todo es posible para el que cree. Amén.

Vamos todos a construir nuestro muro. Cuando hablamos de muro, nos referimos a un símbolo de sueños cumplidos a través de la fe y el trabajo duro, no a las paredes del egoísmo y la xenofobia que el hombre levanta en contra de la voluntad misma para impedir el contacto con el otro. Nuestro muro simboliza el propósito de realizar grandes obras.

¿Qué podemos entender por grandes obras? Fundar una iglesia, construir una casa propia, abrir un consultorio especializado, consolidar un matrimonio, iniciar una hermosa familia, crear una escuela, completar una carrera universitaria, triunfar como deportista de alto rendimiento o emprender exitosamente con una idea de negocio. Sea cual sea tu proyecto de vida, piensa en él como tu gran obra.

Estas grandes obras se construyen de abajo hacia arriba, ladrillo a ladrillo. Es como levantar la pared de una casa: poco a poco vas consiguiendo los materiales —cada ladrillo, agua, arena, cemento, pala, palustre, hilo, plomada—, luego aparecen los ayudantes y también el dinero para financiar el proyecto. Cuando otra persona vea la pared terminada, pensará que ella siempre ha estado ahí, pero tú sabes muy bien que fue el resultado de un proceso, es decir, de hacer todos los esfuerzos necesarios para alcanzar una meta.

Si tienes una visión, empieza a construir. Tu obra debe ubicarse sobre un terreno estable y sus cimientos deben ser muy fuertes. Recuerda: tu obra debe tener una base sólida. También ten en cuenta que necesitarás de la ayuda de otras personas para sacarla adelante. Mucha gente te echará una mano. Si alguien te abandona, otra persona estará lista para acompañarte en esta construcción.

Tu buen espíritu atrae buenos compañeros. ¡Mantén siempre un buen espíritu y siempre estarás bien relacionado!

Quienes caminan juntos deben de estar de acuerdo. Ensalzarse en disputas permanentemente es contrario a la solidaridad. Para recibir ayuda pronta se necesita humildad.

Hablemos nuevamente de Nehemías, hombre de oración y portador de la copa al Rey Artajerjes, que se hizo gobernador de Jerusalén y reconstruyó las paredes de esa ciudad en cincuenta días. Nehemías se distinguió por ser un hombre sabio que siempre estuvo al servicio de Dios.

Después de leer estas palabras del Libro de Nehemías, lo mejor que podemos decir es: "¡manos a la obra!". Puedes conseguir todo lo que deseas, si empeñas toda tu fuerza y toda tu disciplina para obtenerlo.

Hasta cierto punto, el orgullo es bueno para lograr nuestras metas. Pero no ese orgullo que es sinónimo de soberbia y altanería, sino el que nos anima a conservar una buena apariencia y emplear un buen lenguaje.

Las mujeres suelen utilizar la palabra "encanto" para referirse a personas y gestos bonitos. Mantener un aspecto agradable y desarrollar ese encanto atrae realmente a otras personas asimismo agradables y encantadores. Hay que ser trabajadores fuertes y elegantes, activos y carismáticos. Debemos vernos bien por fuera y sentirnos bien por dentro, debemos llenar nuestros corazones de bondad para irradiar bondad.

No cometamos el error de engañarnos a nosotros mismos. No edifiquemos nuestras obras sobre mentiras ni tratemos de levantarlas con materiales débiles. Podemos desear cosas muy grandes y buenas, pero debemos ser realistas y recordar siempre que sin trabajo duro nada es posible.

Así como el valor del esfuerzo jamás debe olvidarse, nunca subestimes tu dimensión interior. Con fe y trabajo todo es posible. Medita y disciplínate constantemente. Estudia libros que alimenten tu fe para que conserves el balance y la fuerza interior.

La vida es muy simple para el que está en el proceso de triunfar. Este sabe que la existencia es corta y que solo hay tiempo para alcanzar sus grandes objetivos. No pierde tiempo en pequeños inconvenientes y rencillas cotidianas. Solo tiene tiempo para agradecer a Dios por lo que ya ha logrado y para pedirle más fortaleza y orientación.

Si soy consciente de que Dios y mi familia lo son todo, si estoy enfocado en la construcción de mis sueños, no debo perder el tiempo en irritaciones efímeras ni en discutir con los flojos, los cobardes y los incrédulos. No perdamos el tiempo en ociosidades. Más bien, dediquemos nuestras energías en planear nuestros siguientes movimientos y en aprender a trabajar en equipo. Si aprendes esto último, aprenderás del conocimiento y las habilidades de los demás.

Recuerda siempre que el ejercicio fuerte lleva a buenos resultados. Seamos realistas: ser los mejores cuesta mucho esfuerzo y disciplina, mucho ejercicio, mucho trabajo y la mayor de las concentraciones mentales.

Eres el único que puede aportar para construir el mundo de tu felicidad. Sé muy consciente de la realidad, desafíate a ti mismo, busca formas de competir contigo mismo y superarte. Tu rivalidad no es con nadie más que con tus propias limitaciones. Rétate cada día a vencer tus marcas. Repítete: "Debo mejorar, debo ser excelente en todo, sin excepción, hasta en las cosas más pequeñas, porque ese cambio tornará mis sueños en realidades visibles y palpables".

Para construir ese muro es muy necesario que elijas dos autoridades: tu familia y tú mismo. Confía en Dios y en ti, porque todo es posible para el que cree. Todo lo podemos en Cristo, que nos fortalece.

El mundo clama por líderes que guíen de verdad a sus pueblos, que su discurso sea su ejemplo, que sepan ganarse su lugar de autoridades morales y que tengan un verdadero liderazgo. La autoridad se la gana quien confía en sí mismo y, por ello, inspira confianza en los demás. Con seguridad en nosotros mismos, buenos gestos, palabras constructivas y sinceridad inquebrantable conquistaremos el cariño y el respeto del prójimo.

La autoridad la merece quien está dispuesto a asumir las responsabilidades que le son asignadas. El que ejerce la autoridad tiene la obligación de sacar adelante las tareas que le han encomendado. Para llevarlas a cabo, el líder trasmite la autoridad a su equipo de trabajo. En otras palabras, hace que los demás también se sientan empoderados, y que desarrollen sentido de pertenencia. Un líder digno de su autoridad logra que todos a su alrededor interioricen la visión y la misión de una empresa o un gobierno, y que la gente se esfuerce con gusto, como si cada labor fuera un asunto personal.

Autoridad y responsabilidad son inseparables de trabajo y juicio. Es necesario que seamos muy concretos en la construcción de nuestro mundo, tanto en lo material como en lo espiritual. Tenemos que saber hacia dónde vamos, qué camino debemos tomar, qué le vamos a pedir la vida y estar dispuestos a completar una gran travesía. No podemos partir en busca de nuestros sueños sin una visión clara, sin metas a corto, mediano y largo plazo, y sin dialogar permanentemente con Dios; debemos hacerlo porque hay personas que pueden abrirnos varias puertas y alumbrarnos el camino.

Digamos: "Voy a perseverar hasta ver el fin de todo esto. Solo veré lo que mis ojos quieren ver convertido en realidad, si persevero, si soy incansable e insaciable".

Creamos que dentro de varios años vamos a poder sentarnos a contemplar los sueños que materializaremos y pensaremos: "¡Lo logré! Valió la pena. Ahora puedo descansar. Voy a relajarme después de tanto trabajo. Mis hijos y mis nietos pueden ver los sueños que construí y luego emprenderán la construcción de sus propios muros con fe en el ejemplo visto y con confianza en sí mismos".

El que quiere lograr todo lo que se propone debe poner manos a la obra ya mismo. No puede dejar las cosas para mañana, porque esa costumbre de aplazar los asuntos hace que se pierdan la concentración, la energía y la vida misma. Nuestra existencia en este mundo siempre es mucho más corta de lo que imaginamos. Empieza ahora tus proyectos, con buen ánimo y agilidad, porque entre más rápido comiences a edificar tus sueños, más rápido terminarás de construirlos.

No pienses más en el ayer, porque ya desapareció. No pienses más en el mañana, porque aún no existe. Hoy es el ayer y hoy es el mañana. Así que solo existe un HOY grande.

¡Hagamos rápido lo que tenemos que hacer! No importa lo difícil o imposible que parezca. Si persevero, venceré esa dificultad. Mi convicción hará que todo sea fácil.

No podemos tolerar que nos ocurran hechos desagradables o dolorosos por falta de esfuerzo, disciplina y buena actitud. Tengamos la única intolerancia sana que podemos desarrollar: la intolerancia al fracaso. Llénate de sensatez, pero también de optimismo. Piensa que harás lo que amas y que ayudarás a otros a hacer lo que aman.

El que está construyendo el muro, el que está poniendo manos a la obra, suele ser perfeccionista y puede estresarse y deprimirse. Esto es inevitable, pero lo superará si sigue caminando sin parar. No permitamos que la tensión y la depresión nos controlen. Recordemos que todo podemos superarlo. Seamos conscientes de que en el camino hacia los sueños abundan los desafíos, pero que nada nos traerá más felicidad y paz que la realización de lo soñado. Los sueños son irremplazables. Un solo sueño que cumplamos multiplicará nuestra fortuna interior, emocional y material, y nos animará a realizar otros proyectos de vida.

Hay que mantener motivado a nuestro equipo de trabajo, especialmente con el buen trato. Nunca ofendamos a quienes nos ayudan en nuestras labores y disfrutemos de su compañía. Tratemos con amor y comprensión a quienes Dios nos ha confiado.

Seamos sensibles. Trabajemos sin abusar de los que nos sirven y sin herirlos. Respetemos a todas las personas con quienes nos relacionamos. Seamos sinceros, mas nunca duros de corazón ni agresivos de palabra. Admiremos las virtudes de los otros y sepamos llamarles la atención sin rebajarlos. Así se estimula y se conserva un grupo de trabajo.

Cuando el buen líder se reúne con su equipo, lo primero que hace es reconocer las mejores cualidades de cada persona, sin criticarla. Después, llama la atención de ciertos puntos a mejorar y todos aceptarán sus correcciones. Aprendamos de los buenos líderes. A nadie le gusta recibir críticas ni que lo hagan sentir mal. Debemos ser muy cuidadosos a la hora de señalar un problema o un desperfecto.

Nuestra relación con los demás es uno de los grandes bloques que conformará nuestro muro. Sin importar qué tan cerca o lejos estemos del éxito, pensemos en el prójimo, en no hacer a nadie lo que no queremos que nos hagan. Con la vara que mido me medirán a mí.

Tratar bien a los demás hará que ellos se sientan seguros de sí mismos y confíen en quienes los rodean. En todo momento estemos atentos a ser generosos y en nuestras manos hallaremos una llave maestra que abrirá todas las puertas. Reguemos semillas bienhechoras por doquier, cuidemos los frutos de nuestras buenas acciones, incluyamos a los otros en la realización de nuestros sueños tejiendo lazos de amistad con benevolencia y desprendimiento, y nuestro muro será una obra espléndida.

Sembremos la pasión por los sueños, cultivemos la confianza en nuestro poder interior y creamos siempre en nuestra capacidad de innovar, de emprender, de superarnos, de reinventarnos, de perdonar y de reconocer las mejores cualidades de quienes nos rodean.

Llevemos cuenta de nuestras finanzas juiciosamente, con interés por el crecimiento, pero sin codicia. Que el deseo por las riquezas materiales no nos convierta en incapaces de contener las ambiciones. Fuimos llamados a ser millonarios, mas todo en la vida, no es dinero.

Reconozcamos los errores. Conservemos la sencillez y la humildad de los niños, porque si desarrollamos un carácter difícil, como el que tienen muchos adultos, no tendremos la oportunidad de oír a los demás y corregir nuestras faltas. Seamos personas fáciles de tratar. Que otros sientan que se nos pueden acercar y hablar sin problemas. Seamos disciplinados y audaces, pero modestos y dulces.

Consagremos nuestra vida a nuestra familia y nuestros amigos. Es saludable que tu apego a tu hogar sea fuerte, porque ese apego te dará paz bajo tu techo, en tu trabajo y en todas partes. Solo te resta avanzar confiadamente. Solo te espera el éxito. Solo tienes que creer en ti mismo y en tus sueños, porque todo es posible para el que cree en su poder interior y en su visión. Recuérdalo siempre: si lo puedes creer, lo puedes tener.

Estos son mis mejores deseos para ti, lector y compañero en el camino hacia el triunfo, la plenitud interior y la paz:

- ✓ Te deseo el éxito en todo lo que emprendas.
- ✓ Sé que sí puedes, porque es tu tiempo.
- ✓ Es el tiempo de cumplir tus promesas.
- ✓ Es tu tiempo de conquistar lo que has deseado durante tantos años, con la conciencia de que te mereces nada menos que lo mejor.
- ✓ Un río de bendiciones se acerca a tu casa.
- ✓ Una lluvia de bendiciones está por caer sobre tu techo.
- ✓ Es el cumplimiento de tus sueño y visiones.
- ✓ Es tu energía unida a la fuerza de Dios.
- ✓ Es seguro que lo vas a lograr.
- ✓ Sigue adelante para disfrutar de lo mejor y lo más grande de tu vida.
- ✓ Llegó la hora de solo ver el brillo de la luz.

Bibliografía

1. Biblia Reina Valera 1960
2. Biblia la Nueva Traducción Viviente
3. http://www.bbc.com/mundo/noticias/2013/10/131022_rumiar_el_peligro_de_obsesionarse_mxa" www.bbc.com/mundo/noticias/2013/10/131022_rumiar_el_peligro_de_obsesionarse_mxa
4. Wikipedia

Palabras que debes usar en tu vida

1- Persevero
2- Tengo mucha fuerza
3- Cambiaré
4- Sirvo para mucho más
5- Aprendo fácilmente
6- Soy inteligente y capaz
7- Muchos recibirán mi ayuda
8- Estoy seguro
9- Todo me saldrá muy bien
10- Todo es posible
11- Soy rico
12- Dios es mi proveedor.
13- Todo será distinto
14- Tengo sabiduría
15- Todo cambiará
16- Vendrán solo cosas buenas
17- Es tiempo de cambio y lo acepto
18- Todo es bueno a partir de hoy
19- Soy una buena persona
20- Todo lo puedo en Cristo

Julián Restrepo

Pedidos:
Whatsapp +573117420370 USA + 1(754) 368-3897
Email: julianrestrepo26@hotmail.com
iglesiamisionerajesusesrey@gmail.com
YouTube: Julián Restrepo
Twitter: Julián Restrepo@misionjesusesrey
Skipe: julian.restrepo53
Colombia